Bibliografische Information der Deutschen Nationalbibliothek:
Die Deutsche Nationalbibliothek verzeichnet diese Publikation in der
Deutschen Nationalbibliografie; detaillierte Daten sind im
Internet über http://dnb.dnb.de abrufbar.

Yoga

Der Weg ist das Ziel

© 2021 Albert Tigges

Herstellung und Verlag:
BoD - Books on Demand
Norderstedt

ISBN 9783754304792

Inhalt

Einleitung

Der Ausdruck Yoga wird sowohl für den Prozess des Übens als auch für das Ziel des Übens benutzt. *Den* Weg und *das* Ziel gibt es natürlich im Yoga nicht. Es gibt viele Methoden. Bei ihnen lässt sich aber ein gemeinsames Prinzip erkennen: Üben → Loslassen → Stille. Es geht nicht darum, neues Wissen zu erlernen, sondern begrenzende Denkmuster aufzulösen, um den Erfahrenden als grenzenlosen Geist zu erkennen. Ein „Ziel" jenseits von Zeit und Raum lässt sich natürlich nur schwer beschreiben. Die „Wegbeschreibung" von Patanjali ist einfach, präzise und klar strukturiert. Seine „Landkarte" ist die beste, die ich kenne.

Yoga im ursprünglichen Sinn ist mehr als das, was man heute darunter versteht (Hatha).

Und Meditation ist mehr als eine Übung in Achtsamkeit. Achtsamkeit ist in dem Tiefenschema nach Piron Stufe 3. Stufe 4 meint die essentiellen Qualitäten des Geistes wie Liebe, Hingabe, Dankbarkeit, Klarheit, Freude. Stufe 5 ist die Erfahrung der Nicht-Dualität wie Einssein, Grenzenlosigkeit.

Yoga ist mehr als ein Fitnesstraining für Körper und Geist. Darüber hinaus hilft es bei der Suche nach Antworten auf die Fragen nach dem Sinn.

Wer die Sutren als trocken empfindet oder ihre Tragweite nicht erkennt, möge die Essenz auf Seite 52 lesen und fest im Gedächtnis behalten.

Was ist Meditation?

Mit Meditation ist das Verweilen in der Stille gemeint. Und mit Stille ist mehr als die Abwesenheit von innerem oder äußerem Lärm gemeint.

Einführend sind einige Begriffserklärungen nötig.

Mit *Meditation* (lateinisch meditari = Nachdenken) ist in der christlichen Mystik das Nachsinnen über einen Text z.B. aus der Bibel gemeint.

Mit *Kontemplation* (lateinisch contemplari = Betrachten) ist bei z.B. Teresa von Avila die innere Schau gemeint. Das Ziel ist Einswerdung mit Gott.

In der heutigen Umgangssprache hat sich der Gebrauch umgekehrt. Deshalb bedeutet in diesem Buch Meditation *innere Schau, Verweilen in der Stille, Reines Gewahrsein, Samadhi, Satori, Rigpa.*

Letztlich besteht hier der Unterschied zwischen Objekt und Ziel der Meditation. Das Kreisen um einen Text (Ruminatio = Wiederkäuen) kann irgendwann dazu führen, dass man loslässt und spontan in Samadhi fällt. Es hat Ähnlichkeit mit einem Koan im Zen. Allerdings ergeben die keinen logischen Sinn; der Verstand ermüdet und fällt spontan in Satori. Samadhi ist keinesfalls Menschen mit Hang zum Esoterischen vorbehalten. Jeder kennt diese Erfahrung. Wenn man sich in der Schönheit einer Musik oder eines Gemäldes oder eines Naturgeschehens *verliert*, ist man in Reinem Gewahrsein. Um ihren Schülern eine erste Erfahrung von Rigpa zu vermitteln, wenden tibetische Lamas gerne einen Trick an. Man soll auf den nächsten erscheinenden Gedanken warten. Dabei bemerkt man eine mehr oder minder lange Pause. Der Geist kommt kurz zur Ruhe.

Meditation ist einfach ein systematisches Üben, um in diesen Zustand zu gelangen. Anfangs erfährt man diesen Zustand nur in der Meditation. Es geht aber nicht darum, 2x täglich abzutauchen und ansonsten nach der Devise „same procedure" weiter zu leben. Die Stille wird auch im Alltag erlebt. Das hat weitreichende Folgen.

Unter *Yoga* versteht man bei uns nicht das, was der Begriff eigentlich bedeutet. Mit Yoga (gleiche Sprachwurzel wie Joch) ist Vereinigung gemeint, und zwar die Vereinigung der Seele (Atman) mit Gott (Brahman). Das ist das zentrale Thema in der Bhagavad Gita und den Upanishaden. Hatha-Yoga entstand mit seinen Körperübungen (Asanas) erst im 14. Jahrhundert. Der Boom im Westen entstand erst im 20. Jahrhundert. Schon in den Upanishaden wird die Meditation mit dem Mantra *Om* beschrieben. *Patanjali* (vermutlich lebte er im 2. Jhd. n. Chr.) hat mit seinem *Yogasutra* einen systematischen Weg beschrieben, den *Ashtanga Yoga* = achtgliedrigen Yoga: *Yama* (Ethik), *Niyama* (Selbstdisziplin), *Asana* (die Körperhaltung, in der man länger problemlos meditieren kann – mehr nicht), *Pranayama* (Atemübung; es geht hier um den energetischen Aspekt der Atmung und um das Erfahren der Stille in den Pausen zwischen Ein- und Ausatmung), *Pratyahara* (Rückzug von den Sinnen; nach innen Gehen), *Dharana* (Konzentration), *Dhyana* (Meditation) und *Samadhi* (Versenkung, Reines Gewahrsein). Die drei letzten Glieder werden als *Samyama* (Sammlung) zusammengefasst und sind der Kern des Yoga.

Kurzanleitung Meditation

Worte wie Meditation, Kontemplation, Bewusstsein, Geist, Gewahrsein oder Erwachen können unterschiedliche Bedeutungen haben.

Hier ist mit Meditation das wache bewusste Verweilen in der Stille gemeint.

Mit Meditationsobjekt ist das Hilfsmittel zur Beruhigung des Geistes gemeint.

Wir beschränken uns auf Atem und Mantra. Mit Anspannung gelingt es nicht einzuschlafen. Entsprechend ist es auch für die Meditation sinnvoll, die Sache locker und entspannt geschehen zu lassen. Das Meditationsobjekt kann man mit einer Brücke zur Überquerung eines Flusses vergleichen. Man bleibt nicht auf der Brücke stehen, sondern geht zum anderen Ufer.

Für die Haltung gilt nur das allgemeine Grundprinzip der aufrechten Wirbelsäule sowie die Empfehlung, eine Haltung einzunehmen, in der man längere Zeit problemlos verweilen kann.

Für die Dauer werden 2 x täglich 20 – 30 Minuten Meditation empfohlen, wenn möglich in einem dafür reserviertem ruhigen Raum ohne Störungen. Bitte nicht meditieren, wenn man müde ist. Wenn man mit der Erfahrung der Stille des Reinen Gewahrseins vertraut ist, kann man tagsüber kurze Momente des Innehaltens einstreuen, um auch im Lärm des Alltags die Stille zu erfahren.

Bei der Atemmeditation richtet man seine Aufmerksamkeit auf die Atmung. Man beobachtet sie nur und lässt sie einfach geschehen. Stille ist leicht erfahrbar in den Pausen zwischen Ein- und Ausatmen. Wenn man sich in Gedanken verliert und das bemerkt, geht man zur Atmung zurück. Wenn das Gedankenkarussel rödelt, kann man die Aufmerksamkeit durch wiederkehrendes Zählen der Atemzüge (1 – 3 oder 1 – 10 oder 1 – 100) unterstützen. Ist man in der Stille, lässt man alles los, auch den Atem.

Als Mantra kann man „Om" oder „Jesus Christus" oder „Kyrie Eleison" oder „Shalom" oder „Om Nama Shivaya" oder „So Ham" wählen. Man kann bei der Wiederholung des Mantras seine Aufmerksamkeit auf das Herz oder die Stirnmitte zentrieren. Das

Mantra wird in Gedanken immer feiner/leiser wiederholt, bis es man es lauschend als eine zarte Energie wahrnimmt, die sich in der Stille auflöst – Loslassen. Kommen Gedanken, nimmt man das Mantra wieder auf.

Das Prinzip ist also: Üben (Meditationsobjekt) – Loslassen – Stille. Mit zunehmender Erfahrung gelingt es leichter, in der Stille zu verweilen. Irgendwann ist dieses Gewahrsein so stabil, dass es nie mehr verloren geht.

Patanjali drückt das so aus:

I.2: *Yoga ist das Auflösen der Identifikation mit den Fluktuationen, die im Bewusstsein entstehen.*

I.12: *Durch Üben und Loslassen kommt es zum Aufhören der Fluktuationen des Bewusstseins.*

I.3: *Dann ruht der Sehende in seinem wahren Wesen.*

Wirkungen der Meditation

Unser ganzes Leben wurde uns eingebläut: Du musst dich anstrengen, wenn du etwas erreichen willst. Auf Selbsterkenntnis bezogen bedeutet das nie endende Analysen. Und nun heißt es auf einmal: Durch eine besonderen Form von wachem Nichtstun steigern sich Gesundheit, Konzentration, Kreativität, Offenheit, Akzeptanz, Wohlbefinden und Mitgefühl und du erlangst SELBST-Erkenntnis. In den alten Upanishaden steht geschrieben: Durch Meditation lösen sich die Knoten im Herzen.

Alles Leben verläuft in Rhythmen: Tag und Nacht, Wachen und Schlafen. Würde man uns auch nur einige Tage den Schlaf entziehen, würden wir krank. Unsere heutige Lebensweise zeichnet sich durch ein Ungleichgewicht zwischen Aktivität und Ruhe aus mit der Folge, dass Menschen sich überfordert fühlen, nicht mehr abschalten können, kurz gesagt sie fühlen sich gestresst. Stress ist eigentlich eine Notfallreaktion für kurz anhaltende Extremsituationen. Übermäßiger lang anhaltender Stress macht krank. Das ist durch viele Untersuchungen belegt. Im Umkehrschluss folgt daraus, das Stressreduktion gut für die Gesundheit ist. Auch das ist durch Untersuchungen belegt. Ich beschränke mich auf ganz wenige. Zwei erscheinen mir besonders wichtig, weil man aus ihnen weitreichende Schlussfolgerungen ableiten könnte.

Wenn man den Abstand zwischen der Darbietung von Bildern immer mehr verkürzt, werden nicht mehr alle wahrgenommen(„Blinzeln der Aufmerksamkeit"). Bei Langzeitmeditierenden gibt es diese Lücke kaum oder gar nicht. Ich werte das als Hinweis darauf, dass Wahrnehmungen nicht durch Vergleich mit Gedächtnisinhalten und durch subjektive Bewertungen (beides braucht Zeit) kategorisiert werden.. Die eingeschränkte Sicht durch gefärbte Brillen entfällt („Sehen wie die Dinge sind").

Bei der zweiten Studie ging es um die unwillkürlich ablaufende Schreck/Stressreaktion auf den lauten Knall eines Pistolenschusses. Bei Langzeitmeditierenden fiel diese dem Willen nicht unterliegende Reaktion gering aus oder fehlte sogar. Bei Wiederholung der Untersuchung mit Kurzzeitmeditierenden (3 Monate) waren die

Ergebnisse zwar nicht so deutlich, aber im Ansatz nachweisbar. Das Verhaltensmuster Schreckreaktion ist biologisch tief verwurzelt. Wenn durch Meditation solche tiefsitzenden Verhaltensmuster aufgelöst werden, sollte das mit weniger starren Verhaltensmustern auch möglich sein (Durch Meditation lösen sich die Knoten im Herzen).

Auswahl:

Bei einer Studie wurden 149 Personen zufällig in 3 Gruppen aufgeteilt: 1)Meditation 2)körperliches Training 3)inaktive Gruppe. Von September bis Mai wurden die Krankheitstage wegen Erkältungen erfasst. In Gruppe 1) 16, 2) 32, 3) 67.

Ein Team um R. Davidson an der Universität Wisconsin verglich die Konzentration der Abwehrstoffe nach einer Grippeimpfung bei Meditierenden im Vergleich zu einer Kontrollgruppe. Die Immunantwort war bei den Meditierenden besser.

M. Ricard stellte in einem Vortrag die Ergebnisse eines Konzentrationstestes mit Langzeitmeditierenden im Vergleich zu einer Kontrollgruppe vor. Über 45 Minuten wurde die Fehlerrate gemessen. Bei den Meditierenden lag die Fehlerquote konstant knapp über 0%, in der Kontrollgruppe stieg sie kontinuierlich an auf zum Schluss 30%.

Im EEG kommen Gammawellen über 30 Hertz bei hoher Konzentration kurz vor. Bei tibetischen Mönchen mit langer Meditationserfahrung findet man während ihrer Meditation diese Wellen anhaltend mit 30-fach höherer Amplitude und hoher Kohärenz in den verschiedenen Hirnregionen. Man interpretiert das als neurophysiologisches Korrelat für einen extremen Grad an Wachheit.

Das Team um R. Davidson an der University of Wisconson-Madison fand einen Einfluss der Meditation auf Altruismus assoziiert mit einer Aktivierung neuronaler Systeme (inferiorer parietaler Cortex, dorsolateraler präfrontaler Cortex, Nucleus accumbens).

Unter der Leitung von Professor Sundquist von der Universität Lund in Malmö wurden in einer Studie 215 Patienten mit Depressionen und Angstzuständen randomisiert mit Meditation oder kognitiver Verhaltenstherapie behandelt. Die Ergebnisse waren gleich gut.

Professor Sundquist empfiehlt Meditation als Alternative zur Einzelpsychotherapie insbesondere dann, wenn diese nicht verfügbar ist.

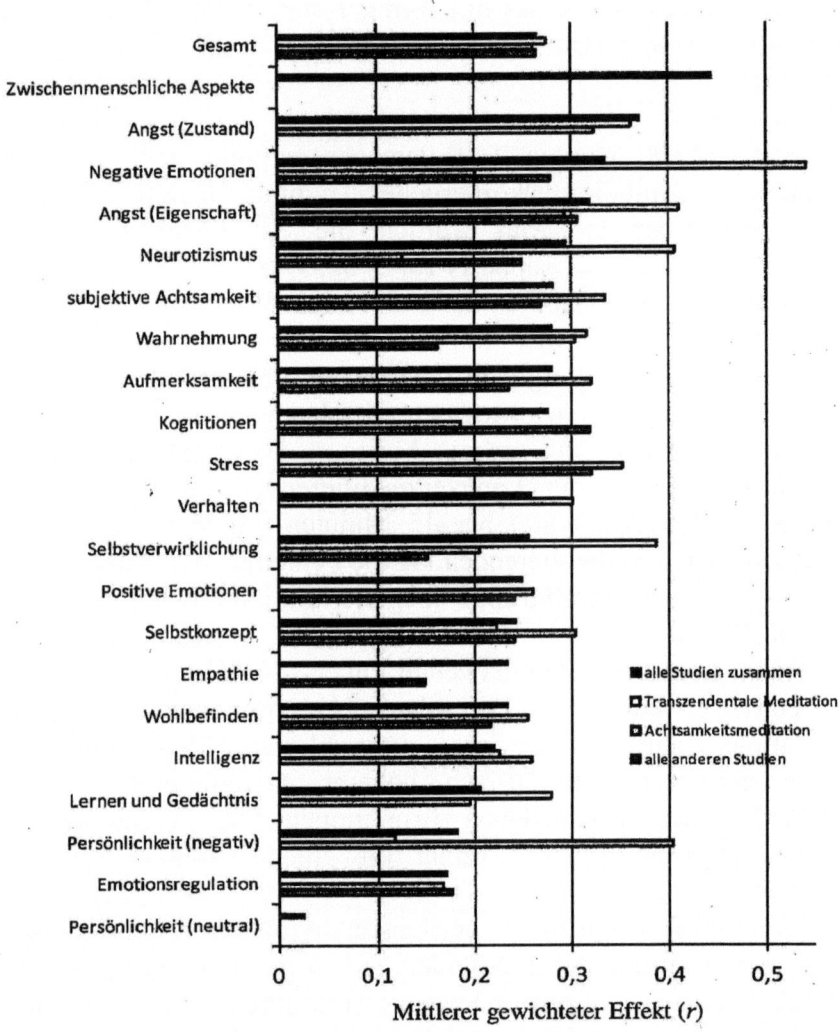

Abb. 1 *Zusammenfassende Darstellung der längerfristigen psychologischen Wirkungen von Meditation auf gesunde erwachsene Probanden, getrennt nach Wirkungsbereichen und Meditationsarten. Die Daten stammen aus 125 Fachjournalartikeln.*

Yoga-Meditation/Samadhi

Patanjali

III. 2. Meditation ist in diesem Zusammenhang die Erfahrung, den Geist auf nur ein Objekt auszurichten.

Kommentar M. Govindan (Die Kriya Yoga Sutren des Patanjali) Konzentration (dharana) erfordert Anstrengung, denn der Geist wandert ständig umher, d. h. man muß sich mit Geduld und Entschlossenheit von den Ablenkungen lösen und immer wieder zu dem gewählten Objekt zurückkehren. Es ist leicht aufzugeben und zu sagen: "Ich bin für Meditation nicht geeignet". Doch wenn du mit den Neigungen des Geistes so geduldig bist, wie du es unter Umständen mit einem kleinen Hund wärst, den du versuchst abzurichten, kannst du Erfolg haben. Wenn die Konzentration (dharana) mühelos erreicht wird, beginnt die Meditation (dhyana). Das heißt Meditation ergibt sich aus der Beherrschung der Konzentration. Das Objekt der Meditation kann Dynamik gewinnen, es kann Gedanken oder Aussagen einschließen, die mit ihm im Zusammenhang stehen. Es kann eine konkrete Form haben oder formlos sein. Wir können Meditation definieren als "ständiges Bewußtsein eines gewählten Objektes oder Themas." Alle Meditations-Schulen können diese Definition akzeptieren, denn in allen Schulen geht es bei der Meditation um den Versuch, einen Strom unaufhörlicher Achtsamkeit auf ein gewähltes Objekt oder Thema zu richten. Worin sich die einzelnen Schulen unterscheiden, ist das gewählte Objekt oder Thema: Einige wählen den Atem, andere eine geometrische Form wie ein mandala als Fokus, wieder andere einen abstrakten Begriff wie "Liebe".

In der Meditation (dhyana) gibt es das Objekt, das Subjekt (der Meditierende) und ihre Beziehung zueinander. Das bedeutet, der Meditierende bleibt sich des Objektes und der auf dieses bezogenen Gedanken bewußt.

Meditation (dhyana) ist die wissenschaftliche Kunst, den Geist zu beherrschen. Sie ist eine Wissenschaft, denn sie enthält alle Elemente eines methodischen wissenschaftlichen Vorgehens. Sie beginnt mit einer Hypothese, die getestet wird, nämlich der Technik. Dann folgt das eigentliche Experiment; man wendet die Technik an. Dann registriert man seine Erfahrungen - ebenso wie die Wissenschaftler es tun. Dann vergleicht man seine Erfahrungen mit denen anderer Anwender oder des Lehrers, ebenso wie die Wissenschaftler es auf ihren Konferenzen tun. Meditation ist eine Kunst, weil sie viel Übung und Geschick erfordert. Es reicht nicht aus, lediglich zu wissen, wie die Technik funktioniert. Wenn das so wäre, würde es ausreichen, einfach ein Buch zu lesen oder einen Kurs zu besuchen, in denen die Technik erklärt wird, um erleuchtet zu werden.

Kommentar Sukadev (Die Yogaweisheit des Patanjali)
Wenn die Konzentration ununterbrochen wird, dann ist es dhyana. Dhyana ist volle Konzentration auf ein Objekt.

Es ist schwierig, das Wort dhyana zu übersetzen. Meist wird es als Meditation übersetzt. Nur - Meditation ist ja in der ursprünglichen Bedeutung etwas anderes. Es bedeutet Nachdenken.

Dhyana ist, wenn die Konzentration anstrengungslos ist. Wenn man zum Beispiel in der Meditation das mantra wiederholt und sich dabei bemühen muß, die Konzentration bei der Mantrawiederholung zu halten, weil der Geist wegwandert und man ihn immer wieder zurückholen muß, dann ist das dharana. Ist der Geist vollkommen konzentriert, und ist man total absorbiert in der Meditation und wiederholt das mantra nicht mit absichtlicher Konzentration, sondern es wiederholt sich von selbst und man ist ganz verschmolzen darin, dann ist es dhyana.

Dieses dhyana kann sogar außerhalb von reiner Meditation passieren. Wenn man ganz konzentriert ist, auch im täglichen Handeln, ist auch das dhyana. Es ist das, was in der modernen Glücksforschung als Flow-Erlebnis bezeichnet wird: Man fließt mit der Sache, man handelt nicht, sondern es handelt durch einen hindurch. Das sind die Momente, wo der Mensch das Außergewöhnlichste leistet, sich vollkommen losgelöst und frei fühlt.

Patanjali
III. 3. Kognitive Versenkung [samadhi] ist die Meditation, [bei der] das ganze Objekt [als Bewußtsein] erstrahlt, so als ob es seiner individuellen Form entkleidet sei.

Vorbemerkung. Die Texte, v.a. der von Taimni, könnten kompliziert erscheinen. Die Sache ist aber simpel, wenn man sie am Ablauf der Mantrameditation erklärt. Mantra willentlich denken und immer „leiser" denken = dharana (Konzentration). Auf das leise Mantra lauschen und nur noch eine feine energetische Schwingung wahrnehmen = Meditation. Wach in der Stille ohne Gedanken (asamprajnata s.u.)= Präsenz = Kontemplation = Unio mystica ist samadhi. Dabei sind im EEG die Hirnwellen kohärent. Wenn Meditierende mit wenig Erfahrung die Augen öffnen, geht die Kohärenz verloren. Bei Meditierenden mit langer Praxis bleibt die Kohärenz erhalten (wie lange wurde nicht untersucht). Das Ziel ist also, diesen Bewusstseinszustand auch im Alltag zu erfahren = mehr Ruhe, Zufriedenheit, Verbundenheit und Freude trotz der Wechselfälle des Lebens.

Govindan

In der kognitiven Versenkung (samadhi) geht die Meditation (dhyana) über eine reine Mühelosigkeit hinaus. Es gibt keine Unterscheidung mehr zwischen Subjekt, Objekt und ihrer Beziehung zueinander. Es gibt keine Wahrnehmung mehr, von irgendetwas getrennt zu sein. Samadhi wird nicht geübt. Anstrengung und Übung sind nur bis zur Meditation erforderlich. Der Handelnde verschwindet in samadhi. Man ist einfach in samadhi, der kognitiven Versenkung. Nachdem man diese Erfahrung öfter gemacht hat, kann sie allmählich unseren Geist auch im Wach- und Schlafzustand durchdringen.

Sukadev

Das ist die Beschreibung von samprajnata (*=mit Objekt*) samadhi. Eine noch höhere Stufe wäre asamprajnata (*=ohne Objekt, Reines Gewahrsein*) samadhi, der dem nirodha-Zustand entspricht: vollkommene Gedankenstille, kein Gedanke mehr im Geist. Das ist das Ziel des Yoga. Darauf kommt Patanjali gegen Ende dieses Kapitels noch zu sprechen. Im 2. und 3. Vers des 1. Kapitels heißt es ja bereits: „ Yogas citta vrtti nirodhah" - „Yoga ist das Zur-Ruhe-Kommen der Gedanken im Geist", und „ Tada drastuh svarupe vasthanam" -„Dann ruht der Sehende in seinem wahren Wesen". Aber bevor wir dorthin gelangen, kommen wir durch verschiedene

13

andere Zustände. Es reicht nicht aus, dem Geist zu befehlen: „Jetzt höre auf zu denken!" Das klappt nicht. Manche Menschen schaffen es zwar, ihre Wortgedanken auszuschalten, und glauben dann, sie dächten an nichts. Das ist aber nicht wirklich asamprajnata samadhi; sie sind nicht selbstverwirklicht. Wenn sie es wären, würde man das auch sonst an ihrem Verhalten merken. Ein Selbstverwirklichter ist schwer zu übersehen. Wenn man ihn anbrüllt, macht ihm das nichts aus. Wenn er jemanden sieht, dem es schlecht geht, dann wird er in Mitgefühl zerfließen und ihm alles geben, was er kann und hat.

Es gibt ein Ich als Subjekt. Dieses Ich hat einen Gedanken, und über diesen Gedanken kommt man zur Bedeutung des Objektes. Die para-Ebene, die eigentliche Essenz, die Bedeutung eines Gegenstandes, kann man so von außen nicht wahrnehmen. Nur wenn das Bewußtsein mit der Essenz des Gegenstandes verschmilzt, erfährt man die wirkliche Bedeutung des Gegenstands.

Es gibt kein objektives Wahrnehmen. Die Wahrnehmung geschieht immer über die Sinne und den Geist und ist damit gefärbt durch vrttis (Gedankenwellen), unser Unterbewußtsein und alle möglichen wahrnehmungstheoretischen Abläufe. Ein einfaches Beispiel: Wenn es einem gesundheitlich einmal nicht so gut geht - angenommen, man hat starke Kopfschmerzen -, dann erlebt man einen Tag, eine Situation, ganz anders als jemand, dem es gutgeht oder als man selbst, wenn man in einer guten Verfassung ist. Der Geist prägt die Erfahrung erheblich. Aber wenn der Yogi nicht mehr durch den Geist wahrnimmt, sondern mit dem Bewußtsein in die Essenz der Sache hineingeht, dann kann er sie direkt wahrnehmen, ohne subjektive Färbung. Das ist dann die direkte Wahrnehmung, von der Patanjali im ersten Kapitel gesprochen hat.

Anm. A.T. Im Buddhismus spricht man von „Sehen wie die Dinge sind" oder „Geist in seinem ursprünglichen Zustand". Man kann es auch banal mit der Analogie von der gefärbten Brille erklären. Die gegenwärtige Wahrnehmung wird mit früheren ähnlichen Erfahrungen verglichen und bewertet. Das erklärt, warum jeder seine eigene „Wirklichkeit/Sichtweise" hat. Durch Meditation lösen sich diese „Knoten im Herzen" allmählich auf = Sicht ohne gefärbte Brille.

I. K. Taimni (Die Wissenschaft des Yoga)

Wenn das Stadium von Dhyana fest begründet ist und der Verstand den Meditationsgegenstand ohne jede Ablenkung festhalten kann, dann ist es möglich, diesen Gegenstand viel gründlicher zu erkennen als durch das übliche Denken; doch selbst dann wird eine unmittelbare Erkenntnis seines innersten Wesens nicht erlangt. Wie verhindert der Verstand das Begreifen des innersten Wesens dieses Objektes? Indem er das Bewußtsein seiner selbst zwischen die hinter dem Gegenstand verborgene Wirklichkeit und das Bewußtsein des Yogis schiebt. Es ist ganz klar und einfach dieses Selbstbewußtsein bzw. die Subjektivität, die als Schleier wirkt, um ihn vom Objekt zu trennen und die gesuchte Wirklichkeit zu verhüllen.

Ein großer Komponist ist fähig, seine besten Werke zu schaffen, wenn er sich selbst gänzlich vergessen hat. Es ist das Erlöschen des Selbstbewußtseins *(Ichbewusstseins)*, das auf irgendeine Weise die Pforte zu einer neuen Welt öffnet, die wir normalerweise nicht betreten können.

Etwas Ähnliches findet auf einer weit höheren Ebene statt, wenn Dhyana in Samadhi übergeht und sich das Tor zur Welt der Wirklichkeit öffnet. Patanjali nennt dieses Verschwinden der Selbstwahrnehmung des Verstandes Svarupa sunyam iva, „die 'eigene Form' bzw. wesentliche Natur des Verstandes erlöscht sozusagen". Svarupa ist das übriggebliebene Bewußtsein seiner eigenen Tätigkeit bzw. Rolle im Dhyana-Prozeß und ist im wesentlichen die subjektive Natur des Verstandes. Das Wort sunyam bedeutet eine Leere oder Null, und hier ist die letztere gemeint, denn es handelt sich darum, die restliche Selbstgewahrung zum Verschwinden zu bringen. Damit der Schüler sich nicht einbildet, daß das Svarupa wirklich vernichtet wird, wenn Samadhi den Platz von Dhyana einnimmt, fügt der Verfasser das Wort iva hinzu, das „als ob" bedeutet. Svarupa scheint nur zu erlöschen, doch geschieht dies tatsächlich nicht; denn sobald Samadhi aufhört, tut es sich wieder kund. Mit dem Verschwinden des mentalen Svarupa kommt eine höhere Fähigkeit als der Intellekt ins Spiel, und die Wahrnehmung der hinter dem Objekt verborgenen Wirklichkeit erfolgt durch Vereinigung dieser Fähigkeit mit dem Gegenstand der Wahrnehmung. Der Wahrnehmende, der wahrgenommene Gegenstand und die Wahrnehmung selbst werden in eins verschmolzen. Man sieht, wie die Häufigkeit der Ablenkungen in Dharana abnimmt und der Grad an mentaler Selbstwahrnehmung in Dhyana sich verringert. Im Samadhi ist man vollkommen frei sowohl von Zerstreuungen als auch von Selbstbetrachtung, und im Bewußtseinsfeld verbleibt allein das Objekt. (*Anm. A.T. Es gibt verschiedene Stufen im Samadhi. Hier ist Samadhi mit Objekt gemeint, s.o. Sukadev. Ich meine mit Samadhi üblicherweise Samadhi ohne Objekt = Reines Gewahrsein).*

Die Unempfänglichkeit des physischen Körpers auf äußere Anregungen im Zustand von Samadhi verleitet viele Leute zu dem Irrtum, gewöhnliche Trance für Samadhi zu halten, so daß Leute, die es fertigbringen, recht lange unbewußt zu bleiben, für große Yogis gehalten werden! Dieser Zustand bloßer Unbeweglichkeit wird Jada-Samadhi genannt und steht tatsächlich in keiner Beziehung zu dem wahren Samadhi. Ein Mensch, der aus dem echten Samadhi zurückkehrt, bringt transzendentes Wissen, die Weisheit, den Frieden und die Kraft des inneren Lebens mit sich, während jemand, der aus Jada-Samadhi auftaucht, nicht klüger ist als einer, der aus dem Schlaf erwacht.

Anm. A.T. Mit Erwachen oder Befreiung ist im Yoga gemeint, dass dieser Bewusstseinszustand dauerhaft besteht, auch im alltäglichen Wachbewusstsein sowie im Träumen und im Tiefschlaf.
Neben samadhi mit und ohne Inhalt gibt es noch das keimlose samadhi. Damit ist gemeint, dass im Unterbewusstsein noch allerlei gespeichert ist, das bei passender Gelegenheit keimt. Ein Alkoholiker wird in einer bestimmten Umgebung nicht in Versuchung geführt, in einer anderen fängt er an zu trinken. Mit „keimlos" ist gemeint, dass Begierden und Ängste sich allmählich auflösen, nur durch Stille und ohne den analytischen Verstand. Mit „Durch Meditation lösen sich die Knoten im Herzen" wird das in einer Upanishad beschrieben.

Patanjali
III. 4. Die Praxis dieser drei [dharana, dhyana und samadhi] zusammen auf ein Objekt gerichtet, ist das Eins-werden [samyama].

Govindan

Wenn Konzentration, Meditation und samadhi in einer einzigen Übung kombiniert werden, kann man von „vollendeter Selbstbeherrschung", „Beschränkung" oder „Einswerden" sprechen. Samyama wurde oft übersetzt mit „Beschränkung".

Das Sanskrit-Präfix „sam" kommt in seiner Bedeutung dem lateinischen Präfix „kom" oder „kon" im Sinne von „zusammen mit" „vollständig" oder „außerordentlich" nahe. Wie aus den folgenden Versen zu ersehen ist, schließt samyama verschiedene Elemente, Objekte und Gedanken ein und führt zu übermenschlichen Fähigkeiten (siddhis) in dieser Welt. In diesem Zusammenhang kann die Beziehung zu verschiedenen Objekten am besten durch den Begriff "Eins-werden" übersetzt werden.

In einem solchen Zustand des „Eins-werdens" (samyama) mit dem Objekt der Kontemplation, strömen göttliche Kräfte in jedes Objekt bzw. jeden Gedanken, auf den man sich konzentriert. Und dies manifestiert sich spontan. Ebenso wie man im Mikrokosmos des menschlichen Körpers nur die gedankliche Anweisung zu geben braucht, den Arm zu heben, damit er gehoben wird, so manifestieren sich im Makrokosmos auf Wunsch die göttlichen Kräfte, wenn man durch samyama den Zugang zu ihnen gefunden hat.

Taimni

Die vorangegangenen Ausführungen über Dharana, Dhyana und Samadhi dürften klargestellt haben, daß diese drei tatsächlich verschiedene Phasen des gleichen mentalen Prozesses sind, wobei sich jede nächste Stufe von der vorhergehenden durch größere Tiefe der erreichten Konzentration sowie durch vollkommenere Isolierung des betrachteten Objekts von Ablenkungen unterscheidet. Der mit Dharana beginnende und mit Samadhi endende vollständige Prozeß heißt in der Yoga-Terminologie Samyama, und die praktische Bemeisterung seiner Technik öffnet die Pforten nicht nur zu Kenntnissen aller Art, sondern auch zu Kräften und überphysischen Leistungen, die als Siddhis bekannt sind.

Zwei Tatsachen in bezug auf Samyama sind zu beachten: erstens ist es ein kontinuierlicher Vorgang, und der Übergang von einem Stadium zum nächsten erfolgt ohne plötzliche Veränderungen im

Bewußtsein. Zweitens hängt die Zeit, die zur Erreichung der letzten Stufe gebraucht wird, einzig vom Fortschritt des Yogi ab. Der Anfänger mag Stunden und Tage benötigen, bevor er die letzte Stufe erreicht, während ein Adept fast unmittelbar und mühelos auf sie übergehen kann. Da Samadhi keine Fortbewegung im Raum mit sich bringt, sondern lediglich ein Einsinken in das Zentrum des eigenen Bewußtseins, spielt die Zeit dabei keine besondere Rolle.

Patanjali
I. 51. Mit dem Aufhören [der Identifizierung mit] selbst diesem letzten Eindruck [„Ich bin"], während alle [anderen] ausgeschaltet sind, ergibt sich „nirbija samadhi", der samenlose Zustand des samadhi.

Govindan
Wie den Stock, den man benutzt, um das Feuer zu schüren, ehe man ihn selbst ins Feuer wirft, so läßt man schließlich auch den letzten Eindruck - „Ich bin" - los, nachdem man ihn benutzt hat, um das Selbst von der Identifizierung mit den Dingen (prakrti), die das Bewußtsein beschäftigen, zu lösen. Übrig bleibt strahlende Selbst-Bewußtheit, die unabhängig von allem ist. Es gibt keine Trennung mehr zwischen dem Erkennenden und dem Erkannten.

Sukadev
Wir kommen zu nirbija samadhi, zum samadhi ohne Samen. Dann ist man selbstverwirklicht.

Samadhi selbst kann man nicht beschreiben. Es ist sat-cit-ananda, reines Sein, Wissen und Glückseligkeit.

Die niederen samadhi-Stufen sind noch verbunden mit irgendwelchen Wahrnehmungen, konkreten Gefühlen, aber in den höheren Stufen gibt es nichts mehr, was man auch nur andeutungsweise beschreiben könnte.

Individuelle Emotionen, Gefühle, Wahrnehmungen, Sichtweisen sind nicht mehr da, weil das Bewußtsein in dieser Form von vollständigem samadhi, wo wir uns auf das Kosmische als Ganzes konzentrieren, nichts Individuelles mehr erfaßt.

Die Meister haben das Bewußtsein für das Unendliche und das Bewußtsein für die Welt gleichzeitig.

Taimni

Wurde die Fähigkeit, Samyama zu üben, erworben und vermag der Yogi, leicht in das letzte Sabija (*mit Samen*)-Samadhi-Stadium einzugehen, welches dem Asmita-Stadium (*Asmita= Ich-heit*) des Samprajnata *(mit Objekt)*-Samadhi (I-17) entspricht, ist er bereit für den letzten Schritt, nämlich den gesamten Bereich von Prakrti (*Schöpfung, Natur*) hinter sich zu lassen und Selbstverwirklichung zu erreichen.

Die Schleier der Täuschung wurden einer nach dem anderen beseitigt; aber ein letzter, kaum wahrnehmbarer Schleier verhindert vollkommene Selbstverwirklichung, und es ist der Zweck von Nirbija *(ohne Samen)*-Samadhi, diesen zu entfernen. Wenn das Bewußtsein auf die atmische (*Selbst*) Ebene konzentriert ist, wird das Aufgeben des „Samens" zum Auftauchen des Bewußtseins im Reich des Purusa (*Selbst*) selbst führen. Das Licht, das bisher andere Objekte erleuchtete, durchscheint nun sich selbst, denn es hat sich über den Bereich dieser Objekte hinaus zurückgezogen. Der Seher hat sich jetzt in seinem eigenen Selbst niedergelassen (I-3).

Es ist unmöglich, sich diesen Zustand vorzustellen, in dem das Licht des Bewußtseins sich selbst erleuchtet und nicht andere Dinge außerhalb seiner selbst. Jede folgende Stufe der Entfaltung des Bewußtseins stärkt dessen Klarheit und Leuchtkraft ungeheuer und führt zu einem vermehrten Einstrom von Wissen und Macht. Es ist deshalb absurd anzunehmen, daß im letzten Stadium, welches den Gipfel dieser Entfaltung bildet, das Bewußtsein plötzlich in einen vagen, nebelhaften Zustand abgleitet. Allein die Beschränkungen der Körper, durch die wir diesen Zustand zu erschauen versuchen, hindern uns daran, ihn auch nur in begrenztem Ausmaß zu erfassen. Werden Tonschwingungen zu schnell, wirken sie als Stille. Werden Lichtschwingungen zu fein, erscheinen sie als Dunkelheit. Ebenso erscheint die äußerst subtile Natur dieses transzendenten Bewußtseins der Wirklichkeit dem Verstand als Leere. (*Anm. A.T. In spirituellen Texten ist öfter von Leere oder Leerheit oder von der Dunklen Nacht die Rede. Da man sich darüber klar ist, dass solche Bezeichnungen unzureichend sind, greift man manchmal auf paradoxe Formulierungen wie Tosendes Stille oder Überfließende*

Leere zurück.)
Nirbija-Samadhi hat diesen Namen nicht nur deshalb, weil im Bewußtseinsfeld kein „Samen" ist, sondern auch, weil bei dieser Art Samadhi kein neues Samskara (*Gewohnheitsmuster, Neigung*) geschaffen wird. In I-42 wurde bereits ein Merkmal des „Saatkorns" erwähnt. Diese Fähigkeit, sich unter günstigen Bedingungen zu reproduzieren, besitzen auch die „Saatkörner" von Samprajnata-Samadhi. Nachdem in Nirbija-Samadhi kein „Samen" vorhanden ist, können keine Samkaras erzeugt werden, und zwar nicht nur keine neuen, sondern auch die alten Samsaras des Sabija-Samadhi werden allmählich durch Para-Vairagya (*absolute Wunschlosigkeit*) und teilweisen Kontakt mit Purusa (IV-29) aufgelöst. So befreit sich das Bewußtsein nach und nach von der Bürde der Samskaras *(Neigungen)*, die vollständig aufgelöst werden müssen, bevor Kaivalya (*Befreiung*) erreicht werden kann.
(*Wie schon früher gesagt, meint man im Buddhismus mit „Geist in seinem urspünglichen Zustand = Buddhanatur" dasselbe.*)

Patanjali
IV. 29. Wenn jemand fähig ist, selbst gegenüber dem höchsten Stadium der Erleuchtung stetig in Vairagya (*Wunschlosigkeit, Nichtanhaften*) zu verharren und höchstes Unterscheidungsvermögen (Viveka) auszuüben, gelangt er zu Dharma Megha-Samadhi.
Taimni
Trotz der übermächtigen Anziehungskraft der hohen Stufe von Erleuchtung und Glückseligkeit, die er erreicht hat, verzichtet der Yogi gänzlich darauf, sich an diesen festzuhalten, und bewahrt ununterbrochen jene Haltung höchsten Nichtanhaftens. Es muß berücksichtigt werden, daß Viveka und Vairagya eng miteinander verknüpft sind wie die zwei Seiten einer Medaille. Indem Viveka die Augen der Seele öffnet, bewirkt es Loslösung von den Gegenständen, die sie in Banden halten, und das so entwickelte Nichtanhaften klärt seinerseits den Blick der Seele und gibt ihr einen tieferen Einblick in die Täuschung des Lebens. Auf diese Weise stärken sich Viveka und Vairagya gegenseitig.

20

Wenn die gemeinsame Übung lange Zeit hindurch fortgesetzt wird, erreicht sie durch einen Prozeß gegenseitiger Stärkung eine ungeheure Intensität und kulminiert schließlich in Dharma-Megha-Samadhi, der höchsten Stufe von Samadhi, die die „Keime" der Samskaras (*Neigungen*) ausbrennt und die Tore zur Welt der Wirklichkeit öffnet, in welcher der Purusa (*Selbst*) ewig weilt. Warum es Dharma-Megha-Samadhi genannt wird, ist im allgemeinen nicht verstanden worden, und die gewöhnlich dafür gegebenen Erklärungen sind gezwungen und haben keinen Sinn. In den meisten solcher Erklärungen wird das Wort Dharma als Tugend oder Verdienst ausgelegt und Dharma-Megha als „eine Wolke, die Tugenden oder Verdienst herabströmen läßt", was natürlich nichts erklärt. Der Sinn des Ausdrucks Dharma-megha wird klar, wenn wir dem Wort Dharma die Bedeutung geben, die es in IV-12 hat, nämlich Eigenschaft, Charakteristikum oder Funktion. Megha ist ein in der Yoga-Literatur gebrauchter technischer Ausdruck für den verwölkten oder verschleierten Zustand, durch den das Bewußtsein im kritischen Stadium von Asamprajnata (*ohne Objekt*) Samadhi hindurchgeht, wenn nichts im Bewußtseinsfeld geblieben ist.

Nirbija (*samenloses*) Samadhi, das in diesem letzten Stadium geübt wird, ist eine Art von Asamprajnata Samadhi, in dem das Bewußtsein des Yogis versucht, sich von dem letzten Schleier der Täuschung zu befreien, um in das Licht der Wirklichkeit selbst einzutauchen. Wenn diese letzte Anstrengung erfolgreich ist, verläßt das Bewußtsein des Yogis die Welt der Manifestation, in der Gunas (*Eigenschaften der Natur*) und deren eigenartige Kombinationen, die Dharmas, am Werke sind, und taucht in die Welt der Wirklichkeit auf, in der diese nicht länger existieren. Seine Lage läßt sich mit der eines Flugpiloten vergleichen, der aus einer Wolkenbank in das helle Sonnenlicht eintaucht und alles klar zu erkennen beginnt. Dharma-Megha-Samadhi bedeutet also den letzten Samadhi, in dem der Yogi die Welt der Dharmas, die die Wirklichkeit wie eine Wolke verhüllen, von sich abschüttelt.

Der Durchgang durch Dharma-Megha-Samadhi vollendet den Entwicklungszyklus des Menschen und führt durch vollständige und endgültige Zerstörung von Avidya (*Unwissenheit*) das Ende des

Samyoga (*Verbindung*) von Purusa (*Selbst*) und Prakrti (*Natur*) herbei. Nun kann Avidya nicht länger die Sicht des Purusa verfinstern, der jetzt volle Selbstverwirklichung erreicht hat. Dieser Vorgang ist unwiderruflich, und wenn der Purusa diese Stufe erreicht hat, kann er nicht mehr in das Reich der Maya (*Täuschung*) zurückfallen, aus dem er befreit wurde.

Es sei hier darauf hingewiesen, daß nicht versucht wurde, die Erfahrung der Wirklichkeit zu beschreiben. Dies wäre sinnlos, denn niemand kann sich die transzendente Herrlichkeit jenes Bewußtseins vorstellen, in das der Yogi beim Erreichen von Kaivalya eingeht. Mystiker haben bisweilen versucht, die herrlichen Visionen der höheren Ebenen, die sie im Samadhi erreicht haben, in verzückter Sprache zu beschreiben. Diese zwar sehr inspirierenden Beschreibungen verfehlen völlig ihren Zweck, jenen, die noch mit Blindheit geschlagen sind, eine Vorstellung von der Schönheit und Erhabenheit jener Ebenen zu vermitteln.

Kleshas (Hindernisse)

Patanjali
II.3. Unwissenheit, Egoismus, Anhänglichkeit, Abneigung und Festhalten am Leben sind die fünf Belastungen.

Govindan
Hier führt Patanjali die fünf Belastungen auf, die die Verwirklichung des Selbst verhindern. In den folgenden Versen erklärt er sie einzeln. Die Reihenfolge, in der er sie nennt, ist von Bedeutung. Die Unkenntnis unseres wahren Selbst läßt das Ego hervortreten; das Ego, die Gewohnheit, uns mit unseren Gedanken und Empfindungen zu identifizieren, führt zu starker Anhänglichkeit oder Ablehnung (etwas mögen oder ablehnen) und diese wiederum zu Angst (vor dem Tod) *(allgemein vor Verlust)*.

Taimni
Die Philosophie der Klesas ist tatsächlich die Grundlage des von Patanjali vorgelegten Yoga-Systems. Diese Philosophie muß gründlich verstanden werden, denn sie gibt eine zufriedenstellende Antwort auf die ursprüngliche und naheliegende Frage: ‚Warum sollen wir Yoga üben?'

Das große Problem des Menschenlebens ist zu drängend, zu ernst, zu tief und ehrfurchtgebietend, um Raum für rein intellektuelle Theorien - wie bestechend solche auch sein mögen - zu lassen. Wenn unser Haus in Flammen steht, suchen wir eine Fluchtmöglichkeit und sind gewiß nicht in der Stimmung, uns hinzusetzen und eine glänzende Abhandlung über Architektur zu lesen. Wer sich mit der bloßen spekulativen Philosophie zufriedengibt, hat das drängende Problem des Menschenlebens und dessen tieferen Sinn nicht wirklich begriffen. Erkennt er dieses Problem als das, was es wirklich ist, dann werden ihn nur solche Philosophien interessieren, die wirksame Mittel zu seiner Lösung zu bieten haben.

Der Mensch muß über die Tatsachen des Lebens nachdenken, um die täuschende Natur seines Lebens zu erkennen.

Klesa bedeutet Leid sowie Ursache von Leid. Die Philosophie der Klesas ist demnach eine Analyse der dem Leid zugrundeliegenden Ursache sowie der Art und Weise, wie diese Ursache wirksam beseitigt werden kann.

Die experimentelle Natur der Yoga-Philosophie basiert auf Erfahrungswissen und ist nicht das Resultat von Spekulationen oder logischem Denken.

Patanjali

II.4. Unwissenheit ist der Nährboden, [auf dem die anderen] Belastungen [gedeihen]. Sie können unterschwellig, abgeschwächt, mit Unterbrechungen oder stark ausgeprägt sein.

Govindan

Hauptursache des Leidens ist das Nichtwissen (avidya). Aus ihm entstehen die anderen Belastungen. Damit ist nicht Unwissenheit im allgemeinen gemeint, sondern vielmehr ganz speziell die fehlende Bewußtheit des Selbst. Hier liegt die Ursache der Verstrickung zwischen dem Subjekt - „Ich bin" - und den Objekten der Wahrnehmung. Dieses Nichtwissen überdeckt unsere innere Bewußtheit und schafft eine falsche Identität, nämlich: Ich bin der Körper, das Denken, die Sinne, die Gefühle usw.

Beim Durchschnittsmenschen sind Unwissenheit (avidya), Egoismus (asmita), Anhänglichkeit (raga), Abneigung (dvesa) und das ängstliche Festhalten an diesem Leben (abhinivesah) anhaltend und stark ausgeprägt. Wir folgen ständig dem Antrieb unserer im Unterbewußtsein gespeicherten Wünsche. Wenn unser Wohlergehen oder unser Überleben bedroht sind, reagieren wir auf eine typisch ängstliche Weise ohne jede Reflexion. Wenn wir jedoch beginnen, Yoga zu üben, hinterfragen wir unsere Motivationen, widersetzen uns ihnen und ersetzen sie durch Gefühle der Liebe, Selbstdisziplin, der Großzügigkeit (dana) usw. Dazu muß man jedoch ständig auf der Hut sein und sich bemühen; andernfalls leben die alten Gewohnheiten wieder auf.

Bei einem fortgeschrittenen Yoga-Schüler werden diese Belastungen (klesa) sehr schwach (prasuptah). Sie sind nur noch unterschwellig vorhanden, weil der oder die Betreffende nicht mehr auf sie reagiert. Durch die ständige Disziplin (sadhana) hat der Schüler ein Stadium des Gleichmuts erreicht, das durch solche unterschwelligen Antriebe nicht mehr gestört werden kann.

Patanjali

II.5. Unwissenheit heißt, das Vergängliche als unvergänglich, das Unreine als rein, das Leidvolle als freudvoll und das Nicht-Selbst als das Selbst zu sehen.

Govindan

Dies ist der fundamentale Irrtum, zu dem die Menschen neigen. Er rührt daher, daß wir uns mit dem identifizieren, was wir nicht sind. Wir sagen: „Ich bin müde" oder „Ich bin krank, verärgert oder besorgt". Wir kommen der Wahrheit jedoch näher, wenn wir sagen: „Mein Körper ist müde" oder „Ich habe zornige Gedanken". Unser heutiges kulturelles Umfeld, die Medien, der Aufbau unserer Sprache und unser Bildungssystem - sie alle unterstützen diesen fundamentalen Irrtum, der unsere wahre Identität, unser Selbst, verbirgt. Das Selbst ist der ewige Beobachter, der Sehende, ein unveränderliches, reines ganzheitliches Wesen, unbegrenzt, alles durchdringend, in allem vorhanden. Alles andere verändert sich und wird daher eines Tages verloren sein. Indem wir an dem Vergänglichen, an dem, was sich verändert, festhalten, ignorieren wir das Wahre, und wir leiden. Jeder Wunsch ist schmerzhaft, denn er führt zu einem unstillbaren Verlangen etwas zu haben, was wir im Moment nicht besitzen oder etwas zu sein, was wir nicht sind. Selbst wenn Wünsche erfüllt werden, wird es immer weitere Wünsche geben - ganz abgesehen von dem Wunsch, das, was wir haben, nicht zu verlieren. Und so werden wir immer weiter leiden.

Taimni

Diese Sutre definiert Avidya als die Wurzel der Klesas. Offensichtlich wird das Wort Avidya nicht in seinem gewöhnlichen Sinne von Unwissenheit bzw. Mangel an Wissen benutzt, sondern in seiner höchsten philosophischen Bedeutung. Um diese Bedeutung des Wortes zu erfassen, müssen wir auf den ursprünglichen Vorgang zurückkommen, wonach gemäß der Yoga-Philosophie Bewußtsein, die der Manifestation zugrundeliegende Wirklichkeit, in Materie verstrickt wird. Wie kann Atma, das frei und unabhängig ist, dazu gebracht werden, die Beschränkungen auf sich zu nehmen, die bei einer Verbindung mit der Materie unumgänglich sind? Indem man es der Erkenntnis oder Wahrnehmung seiner ewigen und unabhängigen

Natur beraubt. Dieser Entzug der Erkenntnis seiner wahren Natur, der es in den Entwicklungszyklus verwickelt, wird durch eine der letzten Wirklichkeit innewohnende transzendente Kraft herbeigeführt, die Maya oder die Große Täuschung heißt.

Diese einfache Feststellung einer transzendenten Wahrheit kann natürlich zu unzähligen philosophischen Fragen Anlaß geben, wie z. B.: „Warum sollte es nötig sein, daß das unabhängige Atma in die Materie verstrickt wird?" „Wie ist es möglich, daß Atma, das doch ewig ist, in die Schranken von Zeit und Raum verwickelt wird?" Auf solche endgültige Fragen gibt es keine wirkliche Antwort, obgleich von Zeit zu Zeit einige Philosophen eine Menge offenbar absurder Antworten anboten. Gemäß jenen, die der Wirklichkeit bereits gegenüberstanden und ihr Geheimnis kennen, besteht die einzige Methode zur Entwirrung dieses Rätsels darin, die Wahrheit zu erkennen, die der Manifestation zugrundeliegt und die ihrem innersten Wesen nach nicht mitteilbar ist.

Als Resultat der Täuschung, in die das Bewußtsein verstrickt wird, beginnt es, sich mit der Materie zu identifizieren, mit der es zusammengebracht wurde. Diese Identifizierung wird immer stärker, je tiefer das Bewußtsein in die Materie einsinkt, bis es den Wendepunkt erreicht und in die entgegengesetzte Richtung emporzuklimmen beginnt. Der entgegengesetzte Vorgang der Evolution, in dem sich das Bewußtsein allmählich gewissermaßen aus der Materie herauszieht, führt zu progressiver Verwirklichung seiner wahren Natur und gipfelt in der vollkommenen Selbstverwirklichung im Kaivalya *(Befreiung)*. Dieser fundamentale Entzug der Erkenntnis seiner wirklichen Natur, womit der Entwicklungszyklus beginnt und der durch die Macht der Maya herbeigeführt wurde und mit dem Erlangen der Freiheit in Kaivalya sein Ende erreicht, wird Avidya genannt. Avidya hat nichts mit dem durch den Intellekt erworbenen Wissen zu tun, das sich auf die Dinge der phänomenalen Welt bezieht. Dieses Nichterkennen unserer wahren Natur führt zu der Unfähigkeit, zwischen dem ewigen, reinen, seligen Selbst und dem nicht-ewigen, unreinen und leidvollen Nicht-Selbst zu unterscheiden.

Das Wort „ewig" bedeutet hier, wie üblich, den Bewußtseinszustand, der jenseits der Schranken der Zeit liegt, wie wir diese als Aufeinanderfolge von Erscheinungen kennen. „Rein" bezieht sich auf die Lauterkeit des Bewußtseins, wie es von der Materie unberührt und unverändert existiert, bis ihm diese Beschränkungen und Täuschungen auferlegt. „Selig" bezieht sich natürlich auf Ananda oder die ihm innewohnende Seligkeit des Atma, die unabhängig ist von allen äußeren Ursachen oder Bedingungen. Der Raub dieses Sukha = Seligkeit, der unvermeidlich eintritt, wenn sich das Bewußtsein mit der Materie identifiziert, bedeutet Duhkha = Elend.

Yoga - Praktische Philosophie

Patanjali
I.2.Yoga ist das Aufhören der [Identifizierung mit den] Fluktuationen [die] im Bewußtsein [entstehen].

Govindan
An dieser Stelle ist es angebracht, zunächst einige Begriffe aus der Tradition des indischen metaphysischen Denkens zu erläutern: den Begriff der Natur (prakrti) und den Begriff des Selbst (purusa). Prakrti ist alles, was außerhalb des Selbst existiert. Sie schließt den gesamten Kosmos von der materiellen bis zur geistigen Ebene ein. Anders als das Selbst (Ich bin....), das rein subjektiv ist, ist prakrti objektive Realität. Sie ist das, was vom Selbst wahrgenommen wird. Sie ist wirklich, wie vergänglich sie auch immer sein mag. Purusa, das Selbst, existiert als reines Subjekt im innersten Kern des Bewußtseins. Es erhellt das Bewußtsein. Ohne das Selbst gäbe es keine bewußten Regungen in Intellekt und Psyche, ebenso wie eine Glühbirne ohne die unsichtbare Elektrizität kein Licht ausstrahlen würde. Prakrti existiert als Natur sowohl in ihrem transzendenten, undefinierten Zustand als auch in ihren vielförmigen, differenzierten Manifestationen. Dieses Selbst muß unterschieden werden vom Begriff des Selbst, wie es innerhalb der Begrenzungen von Persönlichkeit und Körper verstanden wird. Daher spricht man auch vom „wahren Selbst" als dem ewig unveränderlichen Wesenskern im Menschen, dem atman oder jiva, im Unterschied zu dem „kleinen Selbst", der Person oder Persönlichkeit als Summe unserer Erinnerungen und begrenzten Identifikationen, die durch Egoismus zusammengehalten werden.
Die scheinbare und irrtümliche Identifikation des Selbst, des Sehenden, mit den Manifestationen der Natur, dem Gesehenen, ist die Ursache des menschlichen Leids und das grundlegende Problem des menschlichen Bewußtseins. Die Gewohnheit, sich mit seinen Gedanken, Emotionen und Wahrnehmungen, d. h. dem Ego, zu identifizieren, ist die Krankheit des menschlichen Bewußtseins. Die Fluktuationen (vrtti), die im Bewußtsein entstehen, müssen gereinigt werden von Egoismus, von der hartnäckigen Gewohnheit zu meinen

„Ich bin dieses Gefühl", „Ich bin diese Erinnerung", „Ich bin diese Wahrnehmung". Dies geschieht durch systematisches Üben des Loslassens, wobei man sich sagt: „Ich bin mir dieser Emotion, Erinnerung, Wahrnehmung bewußt, aber ich bin nicht diese Emotion, Erinnerung, Wahrnehmung".

Taimni
Diese ist eine der wichtigsten und bekanntesten Sutren der Abhandlung, nicht nur, weil sie sich mit einem bedeutenden Grundsatz bzw. einer Technik von praktischem Wert befaßt, sondern auch, weil sie in nur vier Worten das Wesen des Yoga definiert.
Yoga leitet sich ab von der Wurzel Yuj; das heißt „vereinigen". Nach den höchsten Vorstellungen der Hindu-Philosophie, von der die Wissenschaft des Yoga ein integraler Bestandteil ist, ist die menschliche Seele, der Jivatma, eine Facette bzw. ein partieller Ausdruck der Überseele oder Paramatma, der göttlichen Wirklichkeit, welche der Ursprung bzw. die Grundlage des manifestierten Universums ist. Obschon diese beiden ihrem Wesen nach gleich und unteilbar sind, wurde dennoch der Jivatma subjektiv vom Paramatma getrennt und ist dazu bestimmt, nach Durchlaufen eines Entwicklungszyklus im manifestierten Universum mit ihm im Bewußtsein wiedervereint zu werden. Dieser Zustand der Einheit beider im Bewußtsein wie auch der mentale Prozeß und die Disziplin, durch die diese Vereinigung erreicht wird, werden beide Yoga genannt.

Patanjali
I.3. Dann ruht der Sehende in seinem wahren Wesen.
Govindan
„Dann" bedeutet, daß das, was folgt, eine Konsequenz des im vorangegangenen Vers beschriebenen Reinigungsprozesses ist. Gemeint ist das Aufgeben der Gewohnheit, sich mit den Fluktuationen des Bewußtseins zu identifizieren. Daraus ergibt sich ein permanenter Zustand der Selbstverwirklichung, d. h. es handelt sich nicht um eine vorübergehende Erfahrung, die wieder untergehen kann in den Wellen geistiger Ablenkung. Im normalen Körper-Bewußtsein identifiziert man sich gewohnheitsmäßig mit

Gedankenformen und Emotionen. Durch die Anwendung von Meditationstechniken wie suddhi dhyana kriya oder mantras kann man eine tiefe Empfindung des Loslassens entwickeln. Der „Sehende" ist das Selbst. Am Ende des Yoga-Weges erfährt die Einzelseele (jiva), daß sie eins mit „Siva", dem Allerhöchsten, ist. Durch Ausdehnung nimmt die Einzelseele (jiva) ihr wahres Wesen bzw. ihre wahre Form (Siva) an und identifiziert sich nicht mehr mit der niederen physischen oder mentalen Ebene.

Patanjali
I.4. Andernfalls kommt es zur Identifizierung [des individualisierten Selbst] mit den Fluktuationen [des Bewußtseins].
Govindan
Auf der Ebene des menschlichen Alltags-Bewußtseins identifiziert sich der Mensch mit all seinen mentalen und emotionalen Regungen, die meist aus dem Unterbewußtsein stammen. Wenn man jemanden fragt: „Wer bist du?" bekommt man in der Regel zur Antwort, daß er oder sie Herr X bzw. Frau X ist, welchen Beruf die Person ausübt, welchem Geschlecht, welcher Religion oder Familie sie angehört, möglicherweise auch noch, wer ihr Arbeitgeber ist, oder was sie am meisten auf dieser Welt liebt. Aber all diese Identifizierungen sind nur Gedanken, die auf Erinnerungen beruhen. Selten findet man jemand, der sich mit seinem wahren Selbst, dem atman, wie es die yogis nennen, identifiziert, dem Wesenskern, in dem es keine Unterscheidungen zwischen Ich und Du gibt.

Patanjali
I.12. Durch ständiges Üben und Loslassen (kommt es zum) Aufhören der Identifizierung (mit den Fluktuationen des Bewusstseins).
Govindan
Hier beschreibt Patanjali die wichtigste Technik des Kriya Yoga zur Reinigung von Egoismus, der aus der Identifizierung mit den Fluktuationen des Bewußtseins entsteht.
„Durch ständiges Üben" (abhyasa) bedeutet Konzentration auf das,

was der Mensch wirklich ist, das wahre Selbst. Bei den vorbereitenden Übungen sind hiermit die Objekte der Konzentration gemeint (da es leichter ist, sich auf ein Objekt zu konzentrieren als auf das formlose Absolute). Loslassen (vairagya) bezieht sich auf das Aufhören der Identifikation mit dem, was wir nicht sind - den flüchtigen Gedanken und Emotionen, die aus Sinneswahrnehmungen oder Erinnerungen herrühren. Wenn der Übende diese Eindrücke, die in das Unterbewußtsein verdrängt wurden, mit Hilfe solcher Techniken wie suddhi dhyana kriya oder durch die Wiederholung heiliger Keim-Silben (bija mantras) losläßt (*), bleibt das reine Bewußtsein zurück (**), d. h. es manifestiert sich das wahre Selbst. Ständiges Üben heißt, sich inmitten aller Veränderungen und vorübergehenden Schau an das Höchste Absolute zu erinnern.

Anm. A.T.

(*) „Durch Meditation lösen sich die Knoten im Herzen" heißt es in einer Upanishad

(**) „Spiegelgleiches Bewusstsein" oder „Geist in seinem ursprünglichen Zustand" im Buddhismus

Patanjali

I.13. In diesem Zusammenhang ist das Bemühen, im Zustand des Aufhörens der Identifikation (mit den Fluktuationen des Bewußtseins) zu bleiben, ein ständiges Üben.

Govindan

Eine stabile Geisteshaltung wird erreicht durch die Praxis der verschiedenen kriyas wie Yoga-Körperhaltungen (asanas), Atemkontrolle (pranayama), Meditation (dhyana) oder mantras.

Die Meditationstechniken des Yoga sind besonders wichtig, damit der Geist nicht abgelenkt wird durch Gedanken und sich in der Identifikation mit den Sinneswahrnehmungen verliert. Indem man inmitten aller Veränderungen die Position eines Beobachters einnimmt, kann man zu einer ständigen Bewußtheit des wahren Selbst gelangen.

Es ist typisch, daß der Geist nicht ruhig ist, sondern ständig, oft chaotisch, umherschweift, von einer Sache zur anderen. Er ist vergleichbar einem herrenlosen Hund, der überall umherstreunt. Am

Anfang wird er sich der Führung eines "Herrn" widersetzen, so wie sich ein undressierter Hund am ersten Tag in der Hundeschule den Anweisungen widersetzen bzw. sie ignorieren wird. Den Geist zu schulen, damit er ruhig wird, ist ganz ähnlich wie einen Hund in der Hundeschule dazu zu bringen zu gehorchen. Es wird nichts nützen, den Hund zu schlagen oder sich entmutigen zu lassen, wenn er nicht gleich gehorcht. Worauf es ankommt sind klare, ruhige und ständig wiederholte Befehle an den Geist - und viel Geduld. Allmählich wird der "Hunde-Geist" verstehen, daß er jetzt einen "Herrn" hat, und wird gehorchen. Zu oft ist sich der Schüler am Anfang nicht darüber klar, wieviel Geduld erforderlich ist und läßt sich zu leicht entmutigen. Sei sanft mit dem "Hunde-Geist", jedoch bestimmt und ausdauernd.

Patanjali sagt, daß die Übungen regelmäßig und nicht nur für ein paar Minuten täglich ausgeführt werden sollten. Bei den Retreats lernt man Techniken und eine Lebensweise, die uns helfen, diese Bewußtheit 24 Stunden lang am Tag, sogar während des Schlafs und bei der Erledigung der täglichen Arbeit, aufrechtzuerhalten. Übung ist sadhana (wörtlich, "das Mittel zur Vollendung") bzw. die Erinnerung an das Selbst.

Patanjali
I.16. Dieses Freiwerden von den Kräften [der Natur, das sich ergibt] durch die [Selbst-] Verwirklichung des Menschen, ist das Höchste.
Govindan
Der Durchschnittsmensch, der noch nicht mit Yoga begonnen hat, ist voll von Wünschen, die aktiviert werden durch die drei grundlegenden Kräfte der Natur (gunas), die er kaum oder gar nicht kontrollieren kann. Dadurch kann er nur hin und wieder einen Schimmer von Glück erhaschen. Diese Kräfte sind: der natürliche Drang nach Aktivität (rajas), die Neigung zur Trägheit (tamas) und die Tendenz zum Gleichgewicht (sattva). Wir unterliegen vielen Illusionen - so als ob wir in einen Zerrspiegel schauen. Durch das Üben von yogischem sadhana wächst die Ruhe in unserem Geist. Wir beginnen mit der Kontrolle unserer Wünsche und der Aufarbeitung unserer unterbewußten Prägungen. Es kommt zu einer gewissen

Loslösung von den Objekten unserer Wünsche, die zuvor Ursache von Freude und Schmerz waren. Übrig bleiben zunächst noch unsere Erinnerungen, und daher phantasieren wir oft. Das Loslassen erfordert also vorerst eine gewisse Bemühung.

Wenn es uns jedoch immer wieder gelingt, unser Selbst zu verwirklichen, werden wir so von innerem Frieden und Freude erfüllt, daß wir automatisch zwischen unserem Selbst und dem, was nicht dieses Selbst ist, zu unterscheiden wissen. Und damit vergeht das Verlangen, unseren unterbewußt motivierten Wünschen, Erinnerungen und Phantasien nachzugeben. Sie verlieren ihre Kraft und verschwinden allmählich. Dies führt zu einer Wunschlosigkeit, die nicht auf Kontrolle beruht, sondern auf einer spontanen, immer wiederkehrenden Bewußtwerdung unseres wahren Selbst, das mit seiner Freude jederzeit alles durchdringt. Auf der höchsten Stufe erfordert das Loslassen dann keine Anstrengung mehr. Ein sicheres inneres Wissen, das auf dieser Stufe des Loslassens entsteht, erlaubt es dem yogin, die Begrenzungen aller Wunschziele zu erkennen. Die Klarsicht, die sich daraus ergibt, führt zu einem ständigen Loslassen und dauerhafter Selbst-Verwirklichung.

Svami Hariharananda Aranya hat in diesem Zusammenhang auf ein wichtiges Prinzip verwiesen: „Das innere Wissen des Menschen führt direkt oder indirekt zur Beseitigung des Leidens. Dieses Wissen, das zur endgültigen und vollständigen Auflösung aller Sorgen führt, ist die höchste Form des Wissens. Danach gibt es nichts Höheres mehr zu wissen". In der Katha Upanisad heißt es zu para-vairagya: „Die Weisen, die die ewige Glückseligkeit kennen, suchen nicht nach dem Unwandelbaren in vergänglichen Dingen."

Kaivalya (Befreiung)

Patanjali
IV. 30. Darauf folgt Befreiung von Klesas und Karmas.
Taimni
Das erste Ergebnis des Erreichens von Kaivalya ist, daß der Yogi hinfort nicht mehr durch Klesas und Karmas gebunden werden kann. Nachdem der Jivanmukta *(erwachte Seele)* Kaivalya erlangt hat, kann er nicht wieder in Avidya *(Unwissenheit)*zurückfallen und aufs neue bindendes Karma erzeugen.

Der Schüler muß der Beziehung zwischen Klesas (*Hindernisse*) und Karmas (*Handeln*) stets Rechnung tragen, denn auf dieser beruht die Technik, sich von der bindenden Wirkung von Karma zu befreien. Klesas und Karmas stehen miteinander als Ursache und Wirkung in Verbindung. Karma kann dort nicht binden, wo nicht Avidya, sondern Gewahrsein der Wirklichkeit herrscht. Jedes Handeln in diesem Zustand geschieht zwangsläufig in völliger Übereinstimmung mit dem göttlichen Bewußtsein und ohne die geringste Identifizierung mit dem individuellen Ego. Deshalb erwachsen dem Menschen daraus keine Folgen. Die Täuschung eines getrennten Lebens wurde zerstört und unter diesen Bedingungen gibt es kein getrenntes Individuum im üblichen Sinne. Zwar ist nach der Yoga - Philosophie jeder Purusa eine Wesenheit für sich; aber das bedeutet lediglich, daß er ein gesondertes Bewußtseinszentrum in der Höchsten Wirklichkeit ist, und nicht, daß sein Bewußtsein von dem anderer Purusas getrennt ist und seine eigenen individuellen Ziele verfolgt, wie dies bei gewöhnlichen Menschen der Fall ist, die durch die Täuschung eines getrennten Lebens mit Blindheit geschlagen wurden. Individualität ist durchaus vereinbar mit innigster Vereinigung des Bewußtseins, was jeder Mystiker mit Erfahrung im höchsten geistigen Bewußtsein bestimmt weiß. In Kaivalya erreicht diese paradoxe Gleichzeitigkeit von Individualität und Einssein ihre höchste Vollendung.

Patanjali
IV. 31. Dann ist infolge der Entfernung aller Trübungen und

Unreinheiten das, was (durch den Verstand) erfahren werden kann, nur wenig im Vergleich zu dem unendlichen Wissen (das bei der Erleuchtung erlangt wird).

Taimni

Die zweite Folgeerscheinung des Erreichens von Kaivalya ist die plötzliche Bewußtseinerweiterung im Bereich unendlichen Wissens. Wenn wir uns in der Welt der Unendlichkeit befinden, sind wir keineswegs im Bereich von Größen. So befindet sich der Jivanmukta (*erwachte Seele*) nicht wirklich auf dem Gebiete des Wissens, sondern er hat das Wissen transzendiert und ist in das Reich reinen Bewußtseins übergegangen. Wissen wird durch die Auferlegung mentaler Schranken auf das reine Bewußtsein erzeugt, und so kann selbst die höchste Art des Wissens nicht mit der Erleuchtung verglichen werden, die eintritt, wenn all diese Schranken beseitigt sind und der Yogi in das Reich reinen Bewußtseins eingeht. Die Beziehung zwischen Wissen und Erleuchtung ist jener zwischen Zeit und Ewigkeit analog. Ewigkeit ist nicht unendlich ausgedehnte Zeit, sondern ein Zustand, der völlig über Zeit hinausgeht. Die beiden Zustände gehören nicht der gleichen Kategorie an.

Es sei hier darauf hingewiesen, daß alle wirklichen Mysterien des Lebens, die wir mit Hilfe des Intellekts zu enträtseln versuchen, tatsächlich im Ewigen verwurzelt und Zeit und Raum angepaßte Ausdrücke von Wirklichkeiten sind, die in ihrer wahren Form (Svarupa) im Ewigen existieren. Deshalb ist es nicht möglich, irgendein echtes Lebensproblem zu lösen, solange unser Bewußtsein auf das Gebiet des Unwirklichen beschränkt ist, und noch viel weniger, solange es noch in die engen, verkrampfenden Fesseln des Intellekts geschlagen ist. Die sogenannten intellektuellen Lösungen unserer Probleme, die die akademische Philosophie zu bieten sucht, sind durchaus keine Lösungen, sondern lediglich Darlegungen der gleichen Probleme in anderen Worten. Die einzige Art, diese Probleme wirklich zu lösen, besteht darin, mit Hilfe der in der Yoga-Philosophie umrissenen Technik in unser eigenes Bewußtsein einzutauchen und es von allen Schranken zu befreien, die seine Selbsterleuchtung verhindern. Allein im Lichte des Ewigen lassen sich alle Lebensprobleme lösen, weil sie - wie oben erwähnt – im

Ewigen verwurzelt sind. Um es genauer auszudrücken: die Probleme werden im Lichte des ewigen Bewußtseins nicht gelöst, da Lösung ein dem an Täuschung gebundenen Intellekt eigener Prozeß ist; sie werden vielmehr aufgelöst. Sie sind nicht länger vorhanden, denn sie waren Schatten, die der Intellekt in das Reich des Unwirklichen warf und die in der Welt der Wirklichkeit natürlich nicht existieren können.

Aus den vorstehenden Ausführungen ergibt sich ferner, daß das Mysterium des Lebens nicht stückweise entwirrt werden kann. Wir können dieses große Mysterium nicht in eine Anzahl von Teilproblemen aufbrechen und diese dann einzeln zu lösen versuchen; obschon es gerade das ist, was die moderne Philosophie zu tun versucht. Die Auflösung des Mysteriums geschieht bei Erlangung der synthetischen Vision des Ewigen und nicht durch Zusammensetzung getrennter Teillösungen, die durch analytische Prozesse des Intellekts gewonnen wurden. Es ist eine Frage des „Alles oder Nichts".

Aus diesem Grunde macht der Yogi keine ernste Anstrengung, die sogenannten Lebensprobleme mit dem Intellekt zu lösen, da er weiß, daß selbst die beste Lösung, die er auf diese Weise erhalten kann, in Wirklichkeit keine Lösung ist. Nicht, daß er den Intellekt verachtet; doch er kennt dessen Grenzen und benutzt ihn nur, um diese Grenzen zu überwinden. Er faßt seine Seele in Geduld und sammelt all seine Energien, um das von der Yoga-Philosophie gesetzte Ziel zu erreichen. Diese Philosophie gibt keinerlei Versprechen, die Lebensprobleme zu lösen; doch sie liefert den Schlüssel, der die Welt der Wirklichkeit erschließt, in der all diese Probleme aufgelöst und in ihrem wahren Wesen und richtigen Verhältnis erblickt werden.

Patanjali
IV. 32. Nachdem die drei Gunas ihren Zweck erfüllt haben, findet der Umwandlungsprozeß (in den Gunas) sein Ende.
Taimni
Nach Zerstörung von Avidya und Erreichen von Kaivalya löst sich die zwangsweise Bindung zwischen Purusa (*Selbst*) und Prakrti (*Natur*) ganz natürlich und automatisch auf, und diese Auflösung

bedeutet auch das Ende der Veränderungen der Gunas *(Eigenschaften der Natur).* Nach der Yoga-Philosophie wird der bewegungslose Zustand von Prakrti, der als Samyavastha bekannt ist, gestört und die unaufhörlichen Wandlungen der drei Gunas setzen ein, wenn Purusa und Prakrti zusammengebracht werden. Diese Veränderungen werden so lange fortgesetzt, wie diese Verbindung anhält, und müssen aufhören, sobald sie aufgelöst wird, ebenso wie der elektrische Strom aussetzt, wenn in einem Dynamo das magnetische Feld entfernt wird. Das Abflauen der Störung in Prakrti und die Rückkehr der Gunas in den harmonisierten Zustand folgt als natürliches Ergebnis der Trennung von Purusa und Prakrti.

Was bedeutet diese Rückkehr der Prakrti zum Samyavastha? Soll es heißen, daß Purusa und Prakrti in ihren ursprünglichen Zustand zurückgekehrt sind und die wertvollen Früchte dieses langwierigen Entwicklungsprozesses verlorengehen? Nein! Purusa behält seine Selbstverwirklichung und Prakrti die Fähigkeit, augenblicklich auf sein Bewußtsein zu reagieren und ihm als Instrument seines Willens durch die leistungsfähigen, sensitiven Körper zu dienen, die im Laufe des Entwicklungsvorgangs aufgebaut wurden. Doch hinfort ist der Purusa nicht mehr an diese Träger gebunden, wie dies der Fall war, bevor er Kaivalya erreicht hatte. Die Körper auf den verschiedenen Ebenen der Manifestation können behalten oder aufgelöst werden; doch bleiben sie ständig in ihrer potentiellen Form, um sofort wieder in Tätigkeit zu treten, wenn der Purusa sie zu benutzen wünscht. Er gebraucht sie als bloße Träger seines Bewußtseins ohne jede Selbstidentifizierung, und deshalb sammeln sich auch keine neuen Karmas oder Samskaras an, und er ist frei, sich von ihnen zu trennen und in seine Wirkliche Form zurückzuziehen, wann immer er dies will. Die Verbindung zwischen Purusa und Prakrti ist jetzt eine gänzlich freie und vollkommene Vereinigung ohne jede Bindung oder Zwang für den Purusa. Er hat Avidya *(Unwissenheit)* zerstört, und keine Samskaras *(Neigungen, Gewohnheitsmuster)* halten ihn mehr an die Welt der Manifestation gebunden, wie dies beim gewöhnlichen Jivatma *(inkarnierte Seele)* der Fall ist. Das Gleichgewicht der nun entfalteten Gunas ist so fest, daß sie augenblicklich und automatisch in dieses zurückfallen, sobald Purusa sein Bewußtsein in sich selbst zurückzieht. Es ist nicht nur unerschütterlich, sondern es birgt auch die Möglichkeit in sich, augenblicklich jede Zusammensetzung zu bilden, die zum Ausdruck des Bewußtseins erforderlich sein mag.

Patanjali
IV. 34. Kaivalya (*Befreiung*) ist der Zustand (der Erleuchtung), wobei die grundlegenden Kräfte der Natur wieder in dieser aufgehen, da ihre Aufgabe, dem Selbst zu dienen, erfüllt ist. Oder [anders ausgedrückt] die Kraft des reinen Bewußtseins kommt in ihrem eigenen wahren Wesen zur Ruhe.

Taimni
Wir kommen jetzt zur letzten Sutre, die den höchsten Zustand der Erleuchtung, der Kaivalya heißt, definiert und zusammenfaßt. Der Sinn der Sutre kann vereinfacht in folgenden Worten ausgedrückt werden: „Kaivalya ist jener Zustand der Selbstverwirklichung, in dem der Purusa sich endgültig niederläßt, wenn der Zweck seiner langwierigen Entfaltung erreicht ist. In diesem Stadium ziehen sich die Gunas, nachdem sie ihren Zweck erfüllt haben, in einen Zustand des Gleichgewichts zurück, und deshalb kann die Kraft reinen Bewußtseins ohne jede Trübung oder Einschränkung zur Auswirkung kommen."

Es wird darauf hingewiesen, daß dies keine Beschreibung des Bewußtseinsinhalts im Kaivalya-Zustand ist. Wie bereits erwähnt, kann niemand, der in der Welt des Unwirklichen lebt, die Wirklichkeit begreifen oder beschreiben, deren der Yogi beim Erreichen von Kaivalya gewahrt wird. Dieser Aphorismus stellt lediglich gewisse Zustände heraus, die sich in Kaivalya einstellen und dazu dienen, es von dem erhabenen Bewußtseinszustand zu unterscheiden, der ihm vorausgeht.

Es ist ganz natürlich, daß sowohl Ungewißheit als auch eine Menge Mißverständnisse über einen Bewußtseinszustand und ein Ziel menschlicher Vollendung herrschen, die jedes menschliche Fassungsvermögen bei weitem übersteigen. Doch manche dieser Mißverständnisse sind so offensichtlich, daß es sich lohnt, sie aufzuzeigen, bevor dieses Kapitel abgeschlossen wird. Bedeutet Kaivalya völliges Erlöschen des Individuums und Verschmelzung des Bewußtseins des Yogis mit dem göttlichen Bewußtsein, wie es der wohlbekannte Vers „der Tautropfen schlüpft in das leuchtende Meer" besagt? Wenn wir diese wichtige Frage untersuchen, die teilweise schon in II-18 besprochen wurde, müssen wir bedenken, daß Kaivalya der Höhepunkt eines unermeßlich langen Evolutionsprozesses ist, der sich über unzählige Leben und ungeheure Zeiträume erstreckt. In der letzten Phase dieses Entwicklungsvorgangs, die durch die Übung von Yoga erreicht wird, entfalten sich Macht, Wissen und Glückseligkeit sprunghaft im Bewußtsein des Yogis und werden gegen das Ende so mächtig, daß der menschliche Verstand vor ihrer bloßen Betrachtung zurücktaumelt. Auf jeder Stufe seines Fortschritts findet der Yogi, daß das in ihm heraufdämmernde neue Bewußtsein unendlich vitaler und herrlicher als das vorangegangene ist, und er scheint nach und nach eine ungeheure Wirklichkeit aufzudecken, die in den tiefsten Schlupfwinkeln seines eigenen Wesens verborgen liegt. Kaivalya wird erreicht durch Hinausgehen über den transzendentesten Bewußtseinszustand, der innerhalb des Bereichs von Prakrti (*Natur, Schöpfung*) erreichbar ist. Ist die Annahme vernünftig, daß in dem erlangten neuen Bewußtsein seine Individualität völlig verlorengeht und die wertvollen Früchte der Evolution, die auf Kosten so vieler Leben und Mühen erworben wurden, mit einem Schlag ausgetilgt werden?

Es ist vernunftgemäß, anzunehmen, daß die Erfahrung der Einheit mit dem göttlichen Bewußtsein so vollkommen und überwältigend ist, daß dem Yogi im ersten Moment seine eigene Individualität abhanden zu kommen scheint; doch das bedeutet nicht notwendigerweise, daß diese aufgelöst und für immer in jener herrlichen Wirklichkeit untergegangen ist. Wäre die Individualität gänzlich aufgelöst, wie könnten wir uns dann ihr Wiedererscheinen in den niederen Welten erklären? Denn es ist eine nicht zu bezweifelnde Tatsache, daß diese großen Wesen in die niederen Welten zurückkehren, nachdem sie Erleuchtung erfahren haben. Für den Tautropfen ist es leicht, in das leuchtende Meer zu fallen und sich darin zu verlieren; er kann jedoch nicht wieder aus dem Meer zurückgeholt werden. Würde sich die Individualität in gleicher Weise versenken und verlieren, könnte sie sich nicht loslösen und wieder manifestieren. Wenn sie dies kann, heißt das einfach, daß ein Keim der Individualität - wie subtil er auch sein mag - selbst bei der vollkommenen Vereinigung des Jivatma (*verkörperte Einzelseele, Selbst*) mit dem Paramatma (*Weltseele, Überselbst,*) erhalten bleibt. Setzen wir also nicht irrtümlicherweise voraus, daß der langwierige, mühevolle Entwicklungsgang eines Menschenwesens im Aufgehen in einer Wirklichkeit endet, aus der es keine Rückkehr gibt, und daß die schwer verdienten Früchte der Evolution für ihn und andere verloren sind. Vertrauen wir darauf, daß der Allmächtige, der dieses wunderbare Universum geschaffen und das Schema der Evolution entworfen hat, mehr Intelligenz besitzt als wir!

Die wörtliche Bedeutung von Kaivalya verleitet wiederum viele Leute zu der Vorstellung, es sei ein Bewußtseinszustand, in dem der Purusa (*Selbst, als Bewusstsein der Gegenpol zur Schöpfung, Bedeutung ähnlich atma*) von allen anderen völlig isoliert ist und in einsamer Größe allein lebt wie ein Mensch auf dem Gipfel eines Berges. Gäbe es einen solchen Zustand, wäre er entsetzlich und nicht die Erfüllung der Glückseligkeit. Der Gedanke der Isolierung im Zusammenhang mit Kaivalya muß im Verhältnis zu Prakrti begriffen werden, von der der Purusa isoliert ist. Diese Isolierung befreit ihn von all den Beschränkungen, die die Verwicklung in die Materie im Avidya-Zustand (*Unwissenheit*) mit sich bringt; doch führt sie ihn andererseits zur innigsten Vereinigung mit dem Bewußtsein in all seinen Manifestationen. Völlige Isolierung von Prakrti bedeutet vollkommene Vereinigung mit dem Bewußtsein oder der Wirklichkeit, denn es ist die Materie, die die verschiedenen Bewußtseinseinheiten trennt, während wir in der Welt der Wirklichkeit alle eins sind. Je mehr wir uns über die Materie erheben und unser Bewußtsein von ihr isolieren, umso stärker wird das Ausmaß unserer Vereinigung mit Paramesvara (*höchster Herr, Absolutes*) und allen Jivatmas, die Zentren in Seinem Bewußtsein sind. Und da Ananda (*Glückseligkeit*) unzertrennlich ist von Liebe oder der Gewahrung der Einheit, können wir leicht erkennen, warum dieses Kaivalya-Bewußtsein, das jeden in seine weite Umarmung einschließt, zum Gipfel der Glückseligkeit führt.

Die letzte Frage, die sich im Zusammenhang mit IV-34 stellt, ist die, ob Kaivalya das Ende der Reise bedeutet. Obwohl ein Studium der Yoga-Sutren den Eindruck erwecken mag, Kaivalya sei das Endziel, erklären all jene, die den Yoga-Pfad beschritten haben und weit auf ihm vorangekommen sind, ebenso wie die okkulte Tradition übereinstimmend, daß Kaivalya lediglich eine Stufe der unendlichen Bewußtseinsentfaltung ist. Wenn der Purusa diese Stufe der Selbstverwirklichung erreicht hat, eröffnen sich ihm neue Ausblicke der Vollendung, die weit über jedes menschliche Vorstellungsvermögen hinausgehen. Wie Buddha, der Herr, sagte: „Schleier um Schleier wird gelüftet; doch darunter befindet sich Schleier um Schleier". Die Yoga-Sutren vermitteln die Technik zur Erreichung des Endziels, soweit dies für Menschenwesen erreichbar ist. Was jenseits liegt, geht uns zur Zeit nicht nur nichts an, sondern geht weit über unser Fassungsvermögen hinaus und kann kein Gegenstand unseres Studiums sein. Die ferneren Mysterien, die wir zu enträtseln haben, und die Stufen des Pfades, den wir beschreiten müssen, verbergen sich in noch größeren Tiefen unseres Bewußtseins und werden sich zur rechten Zeit enthüllen, wenn wir dafür bereit sind. Gegenwärtig genügt es für uns vollkommen, das Ziel der Vollendung zu erreichen, das Kaivalya in sich schließt.

Kosmisches Bewusstsein

Yogananda
Das allgegenwärtige Bewusstsein Christi und Krishnas
Encinitas, Kalifornien, 18. Dezember 1939
Teilt eure Zeit so ein, dass ihr Gott suchen könnt. Heute will ich vom allgegenwärtigen Christus- oder Krishna-Bewusstsein sprechen, durch das man Ihn finden kann.

Der durchschnittliche Mensch ist sich hauptsächlich der Sinneseindrücke bewusst. Er sieht mit seinen Augen und hört mit seinen Ohren; und allmählich erweitert er seinen Geist, indem er über die Botschaften der Sinne nachdenkt. Der Mensch hat große geistige Kräfte, doch er muss sie entwickeln. Obgleich er an seinen Körper gefesselt ist, kann er dank seiner Intelligenz und Vorstellungskraft den Himmelsraum erforschen, kann entdecken, dass das Licht von einem fernen Stern, der schon Millionen Jahre nicht mehr existiert, immer noch auf Weg zur Erde ist.

Doch ganz gleich, wie hoch sich der Mensch geistig entwickelt, er unterliegt immer noch den Begrenzungen seines physischen Körpers. Wenn er von einem Stein getroffen wird, ist es aus mit ihm. Aber Jesus bewies dank seiner hohen geistigen Entwicklung eine bedeutsame wissenschaftliche Tatsache: der Körper besteht aus unzerstörbarer Energie. Er ist nicht die feste Masse, als die er erscheint.

Vom metaphysischen Standpunkt aus kann man den Körper als einen Gedanken im Geist Gottes ansehen. Er existiert in Seinem Bewusstsein ähnlich wie in unserem Bewusstsein während des Träumens.

Jesus hatte jenen erleuchteten Bewusstseinszustand erreicht, in dem er durch direkte Erkenntnis wusste, dass der Körper nur eine Masse von Energie ist. Weil er dies erkannt hatte und sich nicht nur einbildete, war er fähig, seinen Körper nach der Kreuzigung wieder auferstehen zu lassen. Kurz zuvor, als einer seiner Anhänger dem Diener des Hohenpriesters ein Ohr abgeschlagen hatte, legte Jesus seine Hand auf die Wunde und heilte das Ohr. Die neuzeitliche Wissenschaft kann noch nicht erklären, wie so etwas zustande kommt. Das höchste Ziel besteht in der Erkenntnis, dass der Körper und alles andere im Universum im Wesentlichen GEIST ist. Der durchschnittliche Mensch ist sich dessen nicht bewusst. Jesus Christus aber wusste es.

Wir werden Jesus besser verstehen, wenn wir daran denken, dass er das Kosmische Bewusstsein des Himmlischen Vaters, das in der ganzen Schöpfung gegenwärtig ist, erlangt hatte. Sein Name war Jesus, und sein Titel war »Christus« - eine seit alter Zeit bestehende Bezeichnung, die dem Sanskritwort Kutastha entspricht (»das Bewusstsein, das in jedem Atom vorhanden ist«). Er war Jesus, der Christus.

Vor über 3000 Jahren, also noch vor der Zeit Jesu, wurde in Indien ein großer Avatar geboren, dessen Familienname Jadava lautete. »Krishna« (oder »Christ-na«) war sein geistiger Titel, der dasselbe bedeutet wie »Christus«: das göttliche Bewusstsein, das in der Schöpfung allgegenwärtig ist. Er war Jadava, der Krishna.

Die heiligen Schriften berichten von den Wundern, die Christus und Krishna vollbracht hatten und die bewiesen, dass ihr Bewusstsein nicht an den Körper gebunden war wie das eines durchschnittlichen Menschen. Jesus und Jadava hatten ihr Bewusstsein über den physischen Körper erhoben, um das ganze Universum - ihren kosmischen Körper - zu umfassen. Sie waren im Einklang mit dem göttlichen Bewusstsein, das gleichzeitig in jedem einzelnen Atom gegenwärtig ist. Sie stellten sich dies nicht nur vor; ihr Bewusstsein war eins geworden mit dem des Himmlischen Vaters, der allgegenwärtig und allwissend ist. Eine solche Erweiterung des Bewusstseins, wie Jesus und Jadava sie erlebten, musste erst erworben werden. Alle Menschen können ihr Bewusstsein ebenso in die Unendlichkeit ausdehnen, wenn sie Hingabe besitzen und mit Hilfe wissenschaftlicher Methoden über den Herrn meditieren. »Gott ist Geist, und die ihn anbeten, die müssen ihn im Geist und in der Wahrheit anbeten.«

Alles, was existiert, ist dem Kosmischen Geist entsprungen. Vergesst also nicht, dass Christus das universale Bewusstsein ist, das uns von den Sternen aus beobachtet, das sich selbst des winzigsten Sandkörnchens am Strand bewusst ist. Ich höre Sein Lied in den

Vogelstimmen und im Rauschen des Windes. Ich schaue Seine wunderbare Gestalt am Himmel, in den Bergen und im Meer. Jeder Gedanke, den ich denke, entspringt dem Bewusstsein Christi.

Während jedes kosmischen Schöpfungszyklus teilt sich der GEIST in die Dreieinigkeit auf. In der Rolle des Vaters ist der GEIST der Schöpfer des Universums.Die den ganzen Kosmos durchdringende Intelligenz wird Christusintelligenz oder Kutastha-Chaitanya genannt. Der Heilige Geist ist OM oder Amen – das Wort oder die Kosmische Schwingung, welche die Schöpfung aufbaut.

Wenn Gott am Ende eines Schöpfungszyklus alles in sich selbst zurückzieht, gibt es nur ein Wesen - den GEIST: die ewig bestehende, ewig bewusste, ewig neue Glückseligkeit. Doch in jedem neuen Schöpfungszyklus projiziert sich der GEIST wieder als die Dreieinigkeit - als Vater, Sohn und Heiliger Geist.

Wenn ihr das, was Christus lehrte, in die Tat umsetzen wollt, müsst ihr alle Menschen als Kinder eures einen Vaters lieben; wenn ihr es geistig umsetzen wollt, müsst ihr meditieren, bis ihr die unermessliche Freude Gottes im Christusbewusstsein erlebt. Allumfassende Brüderlichkeit wird erst möglich sein, wenn ihr euch durch tiefe Konzentration und Hingabe von allen ruhelosen Gedanken und Gefühlen zurückzieht und den Tempel der Seele betretet, wo ihr die unermessliche, ständig zunehmende Freude Gottes fühlt, welche die ganze Welt erfüllt. Dann erkennt ihr, dass nichts anderes existiert als DAS. In diesem Zustand erkennt ihr, dass Feuer euch nicht vernichten kann, dass Erde, Gras und Himmel eure Blutsverwandten sind. Dann wandelt ihr wie ein Geistwesen auf dieser Erde und fürchtet euch nicht mehr vor den stürmischen Wellen der Schöpfung.

Dies ist meine Botschaft an euch: Meditiert, bis ihr alle weltlichen Gedanken und Wünsche verbannt habt «Wisst ihr nicht, dass ihr Gottes Tempel seid und der Geist Gottes in euch wohnt?» Gott hat euch alle gesegnet und zu Seinem Ebenbild erschaffen. Ihr aber habt dies vergessen und euch mit dem Körper identifiziert. Erhebt euch in Meditation über ihn und werdet eins mit dem GEIST.

EINS in allen

„Gott sagt: es gibt nur mich. Alles, was ist, ist Ich. Zwar trete ich aus dem Einssein in die Zersplitterung, in die Vielheit hinein, aber ich bleibe doch immer der, der ich bin, in den vielfältigsten Gestalten und Kräften werde ich mich zeigen. Und doch bin ich der, der ich bin, und bin schon jetzt, der ich sein werde. Ich werde Blitz sein, ich werde Berg sein, Fluss, ich werde der Lauf der Gestirne sein. Mineralien, Pflanzen und Menschen werde ich sein. Und werde doch immer der Eine sein, das Eine, die Einheit des Vielen. Nichts und niemand wird außerhalb meiner sein, nichts und niemand neben mir. Irrtum wäre es, eine meiner vielen Emanationen als Gottheit anzubeten. Zwar bin ich der Blitz, aber der Blitz ist nicht Ich. Zwar bin ich der heilige Berg, aber der Berg ist nicht Ich. Zwar bin ich der Fluss, das Unwetter, die Jahreszeit, aber sie alle sind nur winzige Atome meines unendlichen Leibes."

Kabbala

Logion 77
Jesus sprach:
Ich bin das Licht, das alle Menschen erleuchtet.
Ich bin das GANZE.
Das GANZE ist aus mir hervorgegangen und
das GANZE ist mir zugekommen.
Spaltet Holz, ich bin da.
Hebt einen Stein auf, ihr werdet mich dort finden.

Thomas Evangelium

Menschen mit Nahtoderlebnissen schildern ihre Erfahrungen in dem Buch von Dr. Jeffrey Long „Beweise für ein Leben nach dem Tod." **Hafur** schrieb in dem Fragebogen: *Ich habe erkannt, dass*
•*wir in einer vielfältigen Einheit oder im Einssein leben. Mit anderen Worten, unsere Wirklichkeit ist die Einheit in der Vielheit und die Vielheit in der Einheit.*
•*ich alles war und alles ich war. Wir unterscheiden uns nur in unserem irdischen Erscheinungsbild.*

45

•es keinen Gott außerhalb unserer selbst gibt, sondern Gott in allen und alles ein Teil Gottes ist, der das Leben selbst ist.

Wärst du wirklich Eins, so bliebst du auch Eins im Unterschiedlichen, und das Unterschiedliche würde dir Eins und könnte dich nun ganz und gar nicht hindern. Das Eine bleibt gleichermaßen Eins in tausendmal tausend Steinen wie in vier Steinen.

Meister Eckhart

Wundersames

Pater Pio *hatte schwere Jahre und zahlreiche Anfeindungen zu überstehen. Die wunderbaren Folgen seines Wirkens waren so überzeugend, dass selbst ernsthafte Zweifler ihre Bedenken gegen den demütigen Kapuzinermönch aufgaben. Entscheidend für das segensreiche Wirken Pater Pios war der 16. Juli 1933. Trotz vieler Gutachten und Zeugnisse, die für ihn sprachen, war es einem seiner größten Gegner, Pasquale Gagliardi, dem Erzbischof von Manfredonia, gelungen, den Papst dahingehend zu beeinflussen, Pater Pio endgültig zu suspendieren. Zu diesem Anlass berief Pius XI. das Heilige Offizium ein. Was dort geschah, wird von den Beteiligten wie folgt überliefert:*

„Ein Kapuziner kam langsam, aber sicheren Schrittes, mit in den Ärmeln verborgenen Händen herein. Der Mönch ging geradewegs auf den Papst zu, küsste ihm den Fuß und bat ihn dann mit folgenden Worten: „Heiligster Vater, lassen Sie dies zum Wohl der Kirche und der Seelen nicht zu!" Er bat ihn um den Segen, küsste wieder den Fuß des Papstes, erhob sich und ging hinaus.

Als die Versammlung sich von ihrer Verblüffung erholt hatte, gab es einige Erregung, und einige gingen hinaus, um nachzuschauen und die Wachen zu befragen, warum sie gegen die offizielle Anordnung den Mönch hätten passieren lassen. Die Wachen waren in höchstem Grade erstaunt und versicherten, niemanden gesehen zu haben.

Der Papst hob unverzüglich die Sitzung auf und gab Kardinal Silj den Auftrag, sofort nach San Giovanni Rotondo zu fahren, um den Guardian des Konvents zu befragen, wo Pater Pio sich an diesem Tag und zur Zeit der Versammlung aufgehalten habe. Er setzte jedoch kategorisch hinzu: „Und teilen Sie ihm mit, dass er die heilige Messe wieder frei in der Kirche feiern darf!"

Der Guardian versicherte dem Kardinal, Pater Pio habe nach Erlass der Dekrete des Heiligen Offiziums den Konvent niemals verlassen und habe sich an jenem Tag und zu jener Stunde zum Stundengebet im Chor befunden." (Clausner, Pater Pio, 77 ff.)

Es ist erstaunlich, dass seitens der Katholischen Kirche das Phänomen der Bilokation, das sonst eher aus esoterischen

Traditionen bekannt ist, ohne zu zögern angenommen worden ist. ....
Pole weilte mit Pater Pio in der Sakristei, als eine Bäuerin eintrat.
Pole schildert das weitere Geschehen wie folgt:
„Die Bäuerin trug ein sehr gebrechliches siebenjähriges Mädchen
auf ihren Armen. Ihr Mann folgte ihr und erzählte mir, dass ihr Kind
von Geburt an stumm und gelähmt sei und niemals habe gehen und
sprechen können. Das Kind war völlig abgezehrt und schien
bewusstlos zu sein. Pater Pio veranlasste, dass eine Wolldecke auf
den Steinfußboden der Sakristei gelegt wurde, und sagte der Mutter,
sie solle ihr Kind darauf legen. Dann besprengte er die anscheinend
leblose Gestalt der Kleinen mit Wasser und versenkte sich lange in
ein stilles Gebet. Schließlich sagte er auf Lateinisch: „Stehe auf und
gehe!" Das Kind rührte sich, öffnete die Augen, lächelte und setzte
sich auf. Beide Eltern lagen betend und weinend auf den Knien.
Dann nahm Pater Pio das Kind an der Hand und half ihm, sehr
behutsam aufzustehen. Die Kleine stieß wortlose Laute des Glückes
aus und war imstande, ein paar Schritte in die Arme der Mutter zu
taumeln. Als ich sechs Monate später die Dorfschule von Monte San
Angelo besuchte, sah ich das Mädchen gesund und fröhlich im
Schulhof spielen." (Clausner, 58 ff.)

P. Michel & A. Röcker, Christus Das Licht der Welt

„Wie fühlt Ihr Euch jetzt?" fragte mich Vater Seraphim.
„Ungewöhnlich gut" sagte ich. „Wie gut denn? Was meint Ihr
genau?" Ich antwortete: „Eine solche Ruhe und solchen Frieden
fühle ich in meiner Seele, dass ich es mit Worten nicht ausdrücken
kann." „Das, mein Gottesfreund", sagte Vater Seraphim, „ist jener
Friede, von dem der Herr Seinen Jüngern sagte: > Meinen Frieden
gebe Ich euch.< Es ist >der Friede, der - nach einem Wort des
Apostels - jedes Denken übersteigt<". Der Apostel nennt ihn deshalb
so, weil man mit Worten diesen gesegneten Seelenzustand nicht
ausdrücken kann, den er in jenen Menschen hervorruft, in deren
Herzen Gott der Herr Wohnung genommen hat. Christus der Retter
nennt Ihn Friede Seiner eigenen Freigebigkeit und nicht Friede
dieser Welt, da ja doch kein zeitliches irdisches Glück ihn dem
menschlichen Herzen geben kann; von Gott selbst wird er gegeben

und daher wird er der Friede Gottes genannt. „Was fühlt Ihr denn noch?" fragte mich Vater Seraphim. „Eine ungewöhnliche Glückseligkeit", antwortete ich. Er fuhr fort: „Das ist jene Wonne, von der in der Heiligen Schrift gesagt wird. >Sie laben sich am Reichtum Deines Hauses, Du tränkst sie mit dem Strom Deiner Wonnen. < Diese Wonne erfüllt nun unsere Herzen vollkommen und ergießt sich durch alle unsere Adern als unaussprechliche Erfrischung. Unsere Herzen vergehen gleichsam vor Wonne und wir beide sind erfüllt von solcher Seligkeit, wie sie keine Zunge ausdrücken kann."

Seraphim von Sarov, Das Ziel des christlichen Lebens

NUN IST DER Augenblick der Verschmelzung gekommen. Die Kraft und das Wunder dieses Moments sind unbeschreiblich.

Jetzt strahlt Die Essenz reine Liebe aus und die vor ihr schwebende Seele erfährt etwas, was man nur als Gefühl von ... Umfangensein oder Umhülltsein beschreiben kann.

In diese Offenheit, in der einst Scham und Stolz gemeinsam existierten, ergießt sich jetzt ein neues Gefühl. Vorher fühlte es sich so an, als ob die Außenseite der Seele umhüllt würde, jetzt fühlt es sich so an, als würde das Innere der Seele gefüllt. Auch hier lassen sich wiederum keine Worte finden, um dieses Gefühl angemessen zu definieren oder genau zu beschreiben - zum Teil auch deshalb, weil es so gewaltig ist. Es könnte als ein einziges, überragendes Gefühlskonglomerat geschildert werden, das tausend einzelne Gefühle umfasst, die nun langsam die Seele erfüllen. Man könnte einen schwachen Versuch machen und sagen, es ist das Gefühl, herzlich umarmt, zutiefst getröstet, grundlegend geachtet, wirklich geschätzt, sanft genährt und absolut verstanden zu werden, voll und ganz Vergebung erlangt und vollständige Absolution erhalten zu haben, schon lange erwartet worden zu sein, voller Glück willkommen geheißen, absolut geehrt, voller Freude gefeiert und total beschützt zu werden, zu sofortiger Vollkommenheit gelangt zu sein und bedingungslos geliebt zu werden - alles auf einmal.

Die Seele, die ohne das geringste Zögern oder Bedauern aber auch alles an Gefühl von individuellem Selbstsein aus sich entlässt, begibt sich in Das Licht. Dort geht sie in so etwas Wunderbares ein, dass sie jeglichen Wunsch verliert, je etwas anderes kennen zu lernen; sie schmilzt hinein in die atemberaubende Herrlichkeit der unendlichen Großartigkeit, unvergleichlichen Schönheit und unübertroffenen Vollkommenheit des Seins.

Nun bist du mit diesem Licht verschmolzen und fühlst dich aufgelöst. Dieses »Verschmelzen« vollendet den Wandel in deiner Identität. Du identifiziert dein Selbst nicht mehr auf irgendeine Weise oder irgendeiner Ebene mit dem gesonderten Aspekt des Seins, den du in deinem physischen Leben dein «Ich« genannt hast.

Du erkennst und weißt endlich, dass du nicht ein Körper und nicht ein Geist und noch nicht einmal nur eine Seele, sondern dass du alles drei bist. Darum geht es beim ganzen Todesprozess.

Entsinne dich, dass ich sagte, beim Todesprozess geht es um die Wiederherstellung deiner Identität.

Das erste Stadium des Todesprozesses befreit dich von deinem Körper und allen dir möglicherweise noch innewohnenden Gedanken, die dich, deine Identifikation mit deinem Körper und seinem Erscheinungsbild aufrechterhalten ließen.

Das zweite Stadium des Todesprozesses befreit dich von deinem Geist und allen dir möglicherweise noch innewohnenden Gedanken, die dich deine Identifikation mit deinem Geist und seinen Inhalten aufrechterhalten ließen.

Das dritte Stadium des Todesprozesses befreit dich von deiner Seele und allen dir möglicherweise noch innewohnenden Gedanken, die dich deine Identifikation mit deiner Seele und ihrer Individualität aufrechterhalten ließen.

Hier, in der Totalen Verschmelzung des Selbst, gelangst du an einen Ort, wo Wissen und Erfahren eins sind, und wo du Weißt und Erfährst, dass du nicht dein Körper, nicht dein Geist und nicht deine Seele bist. Du bist etwas sehr viel Größeres. Du bist die Gesamtsumme der Energien, die alle drei hervorbringen.

Im Tod werden alle deine individuellen Identitäten abgelegt, und das Getrenntsein deiner selbst von dir selbst hat schließlich ein Ende.

Weißt du was? Ich dachte, du würdest sagen, dass ich hier die Erfahrung von Gott machen würde, der gekommen ist mich zu begrüßen.

GENAU DAVON REDE ich.

Aber du sagtest eben...

DU DENKST IMMER noch in den Begriffen einer Trennung zwischen dir und Gott, und ich sage - wieder einmal -, dass es sie nicht gibt.

Du magst das zwar in diesem Augenblick deines physischen Lebens nicht glauben, im Moment der Verschmelzung aber wirst du nicht den geringsten Zweifel daran haben.

Du kannst die Erfahrung dieses Eingehens und Verschmelzens und dieser Erkenntnis und Verwirklichung auch schon in deinem physischen Leben machen.

Es gibt Menschen, die sich willentlich in diese Erfahrung des Einsseins begeben und darin verweilen können. Das ist einfach eine Sache der Konzentration, der Fokussiertheit oder der Zentrierung von ganzheitlicher Präsenz.

Du kannst deinen Geist von allem anderen abziehen und ganz «gegenwärtig« sein.

Die drei Stadien des Todes sind dazu angelegt, dich so sanft und rasch, wie du vorgehen möchtest, durch den Reidentifikationsprozess zu geleiten.

Diese drei Stadien des Todes kannst du auch während deines physischen Lebens erfahren.

Wir sprechen über das Gleiche. Wir sprechen über den Tod des Gedankens der Getrenntheit. Das ist es, was sich im Moment deines physischen Todes ereignet, und das kann sich jederzeit ereignen.

Die drei Stadien des Todes sind ganz einfach die Drei Stufen der Reidentifikation. Diese sind:

1. Das Aufgeben der Identifikation mit dem Körper.

2. Das Aufgeben der Identifikation, mit dem Geist.

3. Das Aufgeben der Identifikation mit der Seele.

Sobald du denkst, dass du etwas bist oder dass du dieses nicht bist, stellst du dir dich selbst als begrenzt vor. Doch Die Essenz ist in keiner Weise irgendwie begrenzt. Im Augenblick der Verschmelzung identifizierst du dich mit Dem Allem - was heißt, du identifizierst dich mit nichts im Besonderen. Mit gar nichts.

51   **Neale Donald Walsch, Zuhause in Gott**

Glossar

abhinivesa, Anhaften
abhyasa, Übung
ananda, Glückseligkeit
anga, Glied
arta, Objekt
asamprajnata, ohne Objekt
asana, Körperhaltung
asmita, Ich-heit
astanga, acht Glieder
atma, Selbst
avidya, Unwissenheit
bandha, Bindung
bhavana, Nachdenken, Übung
bija, Samen
brahman, das Absolute
caitanya, kosmisches Bewusstsein
cit, Bewusstsein
citta, Verstand
desa, Ort
dharana, Konzentration
dharma, Merkmal, Recht
dhyana, Meditation
dhuka, Leid
dvesa, Abneigung
ekagrata, Sammlung
guna, Eigenschaft
is(h)vara, Gott(heit)
jiva, Einzelseele
jnana, Erkenntnis
kaivalya, Befreiung
karma, Handlung
khyati, Gewahrsein
kles(h)a, Leid

kosa, Körper
kriya, Aktivität
mantra, heiliges Wort
nirbija, ohne Samen
nirodha, Zurückhaltung
niyama, Regeln
para, höchster
pradhana, Natur
prajna, höheres Bewusstsein
prakr(i)ti, Natur
pranayama, Atemübung
pratyahara, Zurückziehung
purus(h)a, Selbst
raga, Verlangen
rajas, Aktivität
sabda, Ton
sabija, mit Samen
sadhaka, Schüler
sadhana, Schulung
s(h)akti, Energie
samadhi, Überbewusstsein
samprajnata, samadhi mit Prajna
samskara, Eindruck, Neigung
samyavastha, Gleichgewicht
sattva, Reinheit
siddhi, okkulte Kräfte
s(h)iva, Absolutes
sudhi, Reinheit
sunya, leer
svarupa, wahre Form
tamas, Trägheit
vairagya, Nichtanhaften
vibhuti, zur Entwicklung kommend

viveka, Unterschei-
dungskraft
vr(i)tti, Modifikation
yama, Selbstbeschrän-
kung

IV.32. ... **Purusa behält seine Selbstverwirklichung und Prakrti die Fähigkeit, augenblicklich auf sein Bewußtsein zu reagieren und ihm als Instrument seines Willens zu dienen. Doch hinfort ist er nicht mehr an diese Träger gebunden, ...**

      Scheinbar *Theoretisches* sieht im *wirklichen Leben* so aus.

...ihr Kind von Geburt an stumm und gelähmt sei. Pater Pio versenkte sich lange in ein stilles Gebet. Schließlich sagte er auf Lateinisch: „Stehe auf und gehe!" Das Kind rührte sich, öffnete die Augen, lächelte und setzte sich auf. ...

Die Praxis des Jesusgebetes

6

Das Jesusgebet kann überall und jederzeit geübt werden. Man kann den Namen JESUS auf der Straße, am Arbeitsplatz, im Zimmer, in der Kirche usw. aussprechen. Beim Gehen kann man den Namen JESUS vor sich hersagen. Neben diesem freien, durch keine Regel festgesetzten oder eingeengten Gebrauch des Namens ist es empfehlenswert, bestimmte Zeiten und Orte für eine regelmäßige Anrufung des Namens festzulegen. Der in dieser Art des Gebetes Fortgeschrittene kann ohne solche Einteilungen auskommen. Aber für Anfänger sind sie unerläßlich.

7

Wenn wir also täglich eine bestimmte Zeit für die Anrufung des Namens festgesetzt haben (neben der »freien Anrufung«, die so oft wie möglich erfolgen sollte), dann möge sie - sofern es die Umstände erlauben - an einem einsamen und ruhigen Ort geschehen: »Du aber geh in deine Kammer, wenn du betest, und schließ die Tür zu; dann bete zu deinem Vater, der im Verborgenen ist« (Mt6,6).
Die Körperhaltung spielt keine entscheidende Rolle. Am besten ist die Haltung, die die größte körperliche Entspannung und innere Sammlung ermöglicht. Eine Stellung, die Demut und Ehrfurcht ausdrückt, kann hilfreich sein.

8

Ehe du beginnst, den Namen JESUS auszusprechen, komme zur Ruhe und sammle dich und bitte den Heiligen Geist um Erleuchtung und Führung.»Keiner kann sagen: Jesus ist der Herr!, wenn er nicht aus dem Heiligen Geist redet« (1 Kor 12,3). Der Name JESUS kann erst dann wirklich von einem Herz Besitz ergreifen, wenn es vom reinigenden Atem und der Flamme des Geistes erfüllt ist. Der Geist selbst wird in uns den Namen des Sohnes verlebendigen und zum Leuchten bringen.

9

Fang einfach an. Um Gehen zu lernen, muß man den ersten Schritt wagen; um Schwimmen zu lernen, muß man sich ins Wasser stürzen. Genauso ist es bei der Anrufung des Namens. Beginne ihn ehrfürchtig und liebevoll auszusprechen. Bleibe fest dabei. Wiederhole ihn. Denke nicht daran, daß du den Namen anrufst; denke nur an JESUS. Sprich seinen Namen langsam, sanft und ruhig aus.

10

Anfänger machen meistens den Fehler, daß sie die Anrufung des heiligen Namens mit innerer Anstrengung und Gefühlsbewegung verbinden möchten. Sie versuchen ihn mit großem Nachdruck auszusprechen. Aber der Name JESUS soll nicht hinausgeschrien oder ungestüm ausgesprochen werden, auch nicht innerlich. Als Elias befohlen wurde, vor dem Herrn zu erscheinen, erhob sich ein starker und kräftiger Sturm, aber der Herr war nicht im Sturm, und nach dem Sturm kam ein Erdbeben, aber der Herr war nicht im Erdbeben; und nach dem Beben kam ein Feuer, aber der Herr war nicht im Feuer. Nach dem Feuer kam ein sanftes und leises Säuseln. »Als Elias es hörte, hüllte er sein Gesicht in den Mantel, trat hinaus und stellte sich« (1 Kön 19,13).

Krampfhafte Anstrengung und die Suche nach einem besonderen Erlebnis sind vergebens. Wenn du den heiligen Namen wiederholst, so konzentriere deine Gedanken, Gefühl und Wünsche nach und nach auf den Namen. Sammle in ihm dein ganzes Wesen. Wie ein Öltropfen auf einem Tuch sich ausbreitet und es durchtränkt, so laß den Namen deine Seele durchdringen. Nicht der kleinste Teil deines Selbst soll davon ausgenommen sein. Unterwerfe dein ganzes Sein und schließe es in den Namen ein.

11

Während der Anrufung selbst sollte man den Namen nicht ständig »wörtlich« wiederholen. Wenn man den Namen ausspricht, dann sollte er in den folgenden Sekunden und Minuten der Ruhe und Sammlung fortklingen.

Die Wiederholung des Namens gleicht dem Flügelschlag eines Vogels, durch den dieser sich in die Lüfte erhebt. Nie darf solches schwerfällig, erzwungen, hastig oder geräuschvoll geschehen. Vielmehr muß es ruhig, leicht und im wahrsten Sinn des Wortes gnadenhaft anmutig sein. Hat der Vogel die gewünschte Höhe erreicht, so gleitet er im Flug dahin und nur von Zeit zu Zeit schlägt er mit seinen Flügeln, um sich in der Luft zu halten. Genauso kann auch die Seele, wenn sie den Gedanken an Jesus in sich aufgenommen hat und von seiner Gegenwart erfüllt ist, aufhören, den Namen zu wiederholen, und im Herrn ruhen. Die Wiederholung soll erst dann wieder aufgenommen werden, wenn die Gefahr besteht, daß das Denken an Jesus von fremden Vorstellungen verdrängt wird. In diesem Fall sollte man wieder mit der Anrufung beginnen, um frischen Auftrieb zu bekommen.

12

Setze die Anrufung beliebig lange fort. Wenn du müde bist, dann unterbrich natürlich das Gebet. Bestehe nicht hartnäckig darauf. Aber nimm die Anrufung wieder auf, zu jeder Zeit und an jedem Ort, wenn du Lust dazu verspürst. Mit der Zeit wirst du merken, daß dir der Name JESUS spontan über die Lippen kommt und daß er dir - wenn auch verborgen und ruhig - fast immer gegenwärtig sein wird. Selbst der Schlaf wird vom Namen JESUS und von dem Gedanken an JESUS erfüllt sein. »Ich schlief, doch mein Herz war wach«. (Hld 5,2).

13

Es ist natürlich, daß wir bei der Anrufung des Namens hoffen und danach trachten, irgendein »positives« oder »greifbares« Ergebnis zu erzielen, d. h. daß wir einen echten Kontakt zur Person unseres Herrn haben: »Wenn ich auch nur sein Gewand berühre, werde ich geheilt« (Mt 9,21). Diese selige Erfahrung ist der erstrebenswerte Höhepunkt der Anrufung des Namens »Ich lasse dich nicht los, wenn du mich nicht segnest« (Gen 32,27). Aber wir müssen ein übertriebenes Verlangen nach solchen Erfahrungen meiden; religiöse Gefühle können leicht zum Vorwand für eine gefährliche Art von Begierde und Sinnlichkeit werden. Denken wir nicht, wir hätten unsere Zeit verschwendet und unsere Bemühungen seien fruchtlos gewesen, wenn wir der Anrufung eine bestimmte Zeit gewidmet haben, ohne auch nur das Geringste dabei gefühlt zu haben. Im Gegenteil. Dieses scheinbar so trockene Gebet wird Gott vielleicht mehr erfreuen als ein augenblicklicher Begeisterungstaumel, denn es war frei von jedem selbstsüchtigen Streben nach geistlichem Genuß. Es ist das Gebet des schlichten und reinen Willens. Wir sollten deshalb daran festhalten, der Anrufung des Namens jeden Tag regelmäßig eine bestimmte Zeit zu widmen, auch wenn es uns so vorkommt, als ließe uns dieses Gebet kalt und trocken. Und eine derart ernsthafte Willensübung, ein derart nüchternes »Harren« auf den Namen JESUS, wird nicht ohne Segen und Kraft für uns bleiben.

14

Hinzu kommt, daß uns die Anrufung des Namens selten in einem Zustand der Trockenheit läßt. Die etwas Erfahrung darin besitzen, stimmen überein, daß sie sehr oft von einem inneren Gefühl der Freude, der Wärme und Helligkeit begleitet wird. Man hat den Eindruck, daß man sich im Licht bewege und einhergehe. Dieses Gebet ist ohne Schwere, ohne Trägheit, ohne Kampf. »Dein Name ist hingegossenes Salböl... zieh mich her hinter dir! Laß uns eilen« .(Hld 1,3-4).

(Das Jesusgebet, herausgegeben von Emmanuel Jungclaussen)

Metta-Meditation

Durch Meditation wird der Geist ruhig, wach und klar. Wenn man
während der Meditation bei Erfahrenen ein EEG ableitet, sieht man
keine Abnahme der Frequenz wie bei Autogenem Training oder
ähnlichen Entspannungsübungen und im Schlaf, sondern einen
Anstieg auf etwa 40 Hz. Dabei arbeiten alle Hirnareale synchron.
Diesen messtechnisch einzigartigen Veränderungen entspricht
subjektiv ein Erleben von 200% Wachheit. Mit längerer
Meditationspraxis wird dieser Zustand auch in der Geschäftigkeit des
Alltags erfahren. Davon profitieren alle Lebensbereiche. Man kann
Meditation als eine Methode zum Stressabbau einsetzen. Man kann
sie aber auch als ein kraftvolles und unverzichtbares Mittel für
spirituelles Wachstum praktizieren. Dann ist als ergänzende
Methode die Metta - Meditation zur Entwicklung von Mitgefühl
und Liebe sinnvoll. Metta kann man mit liebevoller Güte übersetzen.
Änderungen im Inneren bewirken Änderungen auf der äußeren
Ebene. Liebende Güte verbessert die Beziehung zu anderen Wesen
nachhaltig. Sie ist nicht an Bedingungen geknüpft. Die Liebe einer
Mutter zum Neugeborenen kommt diesem Gefühl sehr nah. Aber
Metta unterscheidet nicht zwischen Angehörigen und Fremden. Für
Anfänger kann das zunächst schwierig sein. Auf körperlicher Ebene
sind die genetischen Unterschiede zwischen Dir und einem Japaner
evt. geringer als zwischen Dir und Deinem Nachbarn. Auf
psychologischer Ebene eint uns alle das Streben nach Glück. Man
praktiziert die Meditation in 5 Phasen.

1) Liebevolle Güte für sich selbst. Nur wer sich selbst mag,
   kann andere annehmen.
2) Liebevolle Güte für eine/n Freund/in. Als Person sollte ein
   Anfänger einen ungefähr gleichaltrigen und gleich-
   geschlechtlichen lebenden Menschen wählen, damit das
   Gefühl keine sexuelle oder Eltern/Kind-Färbung bekommt.
3) Liebevolle Güte für eine neutrale Person.
4) Liebevolle Güte für jemanden, mit dem man Probleme hat.

5) Ausweitung der liebevollen Güte zunächst auf diese vier Menschen, dann auf alle Wesen im nahen, dann im weiten Umkreis, auf der ganzen Erde und schließlich im gesamten Universum.

Das Entwickeln von liebevoller Güte ist ein Geschehenlassen und kein Produzieren. Als unterstützende Formeln eignen sich z.B.: „Möge/n ... glücklich sein." „Möge es ... gut gehen." Wer die Meditation längere Zeit praktiziert, bekommt Probleme mit der Rekrutierung für Phase 4.

Bei Menschen, die diese Meditation intensiv praktizieren, kann man im **Magnetresonanztomographen** sehen, dass Anteile im Stirn- und Zwischenhirn voluminöser werden, die positive Gefühle repräsentieren. Die stabile Erfahrung von bedingungslosem Mitgefühl, Freude und tiefer Ruhe hinterlässt im Gehirn messbare Veränderungen.

Objektlose Meditation

Jede Methode, mit der der Geist zum Reinen Gewahrsein gelangt, kann als Meditation bezeichnet werden. Da Menschen unterschiedlich veranlagt sind, widersprechen sich verschiedene Wege nicht, sie ergänzen sich. Eine Methode, die üblicherweise Geübten vorbehalten ist, mag ausnahmsweise auch für Anfänger ein Weg sein: Meditation ohne Objekt. Man kann sie als den direkten Weg ohne Hilfsmittel beschreiben. Sammlung und Entleerung des Geistes geschehen augenblicklich. Der Geist ruht in sich, ohne Ablenkung, im gegenwärtigen Augenblick: Reines Gewahrsein. Dieser ursprüngliche Zustand des Geistes wird erlebt als Erfahrung von grenzenloser Weite und zeitloser Freude, als Zustand des Eins-Seins. Die Trennung zwischen ich und anderen, innen und außen, Subjekt und Objekt löst sich auf.

Menschen aus unterschiedlichen Kulturen beschreiben das mit ähnlichen Worten. Im Dzogchen (Buddhismus) wird es als der „Eine Geschmack" beschrieben. Meister Eckhart (Christliche Mystik) benutzt dieselbe Formulierung. Ruhen in der Natur des Geistes ist nur möglich in vollkommener Entspannung. Wenn jemand Meditation als mühsam erlebt, läuft etwas schief.

In allen spirituellen Traditionen ist mit Erwachen gemeint, dass dieser Zustand dauerhaft erfahren wird. Gedanken, Gefühle und Geschehnisse kommen und gehen ohne das Verlangen, sie festzuhalten. Sie werden nicht beurteilt oder etikettiert. Handeln geschieht spontan entsprechend den Erfordernissen des augen-blicklichen Seins ohne selbstsüchtige Motivation, so wie eine Zelle unseres Körpers ihre Funktion zum Wohle des Gesamtorganismus erfüllt. Ethische Regeln werden überflüssig. Sie mögen erforderlich sein für Menschen, die sich als getrennt erleben, da aus der Illusion der Getrenntheit Konkurrenz und Aggression entstehen. Voraussetzung für das Ruhen in der Natur des Geistes mit Präsenz im Augenblick ist die Auflösung von gedanklichen und emotionalen Gewohnheitsmustern. Wie schwer die „Koffer" mit diesen Gewohnheiten sind, ist von Mensch zu Mensch unterschiedlich. Das erklärt, warum manchen Menschen Meditation leicht fällt und manche nur einen kleinen Schubs brauchen, um zu erwachen. Der ursprüngliche Zustand des Geistes ist nichts, was man sich erarbeiten muss. Er ist für jeden zugänglich, wenn der Geist durch die Erfahrung der Stille geklärt wird. Verdecktes wird aufgedeckt - banal, kein magischer Zauber. Wenn sich Wolken auflösen, strahlt der Himmel klar.

Tu einfach dies: Sei still und lege alle Gedanken darüber, was du bist und was Gott ist, weg, alle Konzepte über die Welt, die du gelernt hast, alle Bilder, die du von dir selber hast. Mach deinen Geist von allem leer, was du für wahr oder falsch, gut oder schlecht hälst. Halte an nichts fest. Komm mit völlig leeren Händen zu deinem Gott.

Ein Kurs in Wundern

Atheisten oder orthodoxe Buddhisten mögen Gott durch Sein, Urgrund, Soheit, das anfanglose Eine oder Buddhanatur ersetzen.

Eckhart-Patanjali

Wenn der Mensch ein inneres Werk vollbringen will, so muss er alle seine Kräfte nach innen ziehen (Pratyahara, die Aufmerksamkeit nach innen ziehen) *und sammeln* (Dharana, Bewusstsein auf ein Objekt zentrieren, Konzentration), *gleichsam in einen Winkel seiner Seele zusammenfassen* (Dhyana, Bewusstsein bleibt leicht beim Objekt, Meditation), *und sich allen äußeren Bildern und Vorstellungen entziehen* (Reines Gewahrsein, kognitive Versenkung, Kontemplation, Rigpa), *und da mag er dann wirken* (=kein Rückzug aus der Welt; in der Welt, aber nicht von der Welt).

Der Satz fasst Weg und Ziel zusammen und ist nach meiner Einschätzung ein Kernsatz seiner Lehre. Die Angaben in Klammern zeigen die Übereinstimmung mit Patanjali. Das Ziel heißt bei Eckhart Gottesgeburt.

Eckharts Predigten richteten sich an Ordensmenschen, bei denen man eine **Übung** in spiritueller Praxis voraussetzen konnte. Deshalb gibt er keine praktischen Anweisungen, sondern verweist auf Prinzipielles. Im Zentrum steht dabei das Loslassen. Die damals übliche Askese lehnte er ab. Beten, Sakramente und gute Werke waren ihm nicht genug. Die Übung mag anfangs schwer erscheinen, geschieht dann aber mühelos. *Niemand soll glauben, dass es schwer sei hierzu zu gelangen, wenngleich es schwer klingt und auch schwer ist am Anfang. Aber wenn man hineinkommt, so hat es nie ein leichteres, lustvolleres und liebenswerteres Leben gegeben.* Das Üben beginnt mit Rückzug (Pratyahara). *Entziehe dich der Unruhe äußerer Werke. Verbirg dich vor dem Gestürm innerer Gedanken. Es muss eine lautere Stille da sein.* Der zweite Schritt ist die Sammlung mit Konzentration auf einen Inhalt (z.B. eine Bibelpassage), um die Zerstreutheit des Geistes zu zähmen. *Wer Gottes Lehre empfangen soll, der muss sich sammeln und in sich verschließen vor aller Sorge und Kümmernis und dem Getriebe niederer Dinge.* (Dhyana). Der dritte und entscheidende Schritt ist Loslassen (bei Eckhart Gelassenheit). Neben dem Loslassen von Gedanken, Gefühlen und Wünschen ist das Loslassen vom eigenen Ich der entscheidende

Punkt. *Der Mensch soll zuerst sich selbst lassen, dann hat er alles gelassen* (Samadhi, Kontemplation). Patanjali unterscheidet noch verschiedene Grade des Samadhi. Wiederholtes Verweilen im Asamprajnata Samadhi (ohne Objekt, Reines Gewahrsein) verbrennt die Samen (Gewohnheitsmuster und Karma) und mündet in Nirbija Samadhi (ohne Samen). Bei Eckhart: *So bereitet sich die Seele durch Übung. Dadurch wird sie von oben entzündet. So wird sie im Brand der Hitze geläutert und es wird ausgeworfen, was es an Ungleichem gibt in der Seele.*

Bei Patanjali ist die Wurzel aller **Hemmnisse (Kleshas)** die Unwissenheit über die Einheit des Selbst mit Gott (Ishvara, gel. auch als Shiva benannt) und der Schöpfung (Prakriti), also das Gefühl des Getrenntseins. Auf der relativen Ebene (das, was uns die Sinne darbieten) gibt es verschiedene Objekte (räumlich getrennt) und Ereignisse (zeitlich getrennt). Bei Eckhart: *Nichts hindert die Seele so sehr an der Erkenntnis Gottes wie Zeit und Raum. Zeit und Raum sind Stücke, Gott aber ist Eines außerhalb von Zeit und Raum. Gott ist weder dies noch das* (Neti, Neti in den Upanishaden) *wie die mannigfaltigen irdischen Dinge. Solange die Seele der Zeit oder des Raumes oder irgendeiner Vorstellung dergleichen bewusst ist, kann sie Gott nicht erkennen.*

Der Weg nach innen ist bei Eckhart nicht das endgültige **Ziel**, sondern die Vorbereitung zum Handeln in der Welt aus der Ruhe/dem inneren Zentrum heraus. *Wer aber Gott recht in Wahrheit hat, der hat ihn an allen Stätten und auf der Sraße und bei allen Leuten ebenso gut wie in der Kirche oder in der Einöde oder in der Zelle. Dass ein Mensch ein ruhiges Leben in Gott hat, das ist gut; dass der Mensch ein mühevolles Leben mit Geduld erträgt, das ist besser; aber dass man Ruhe (Gelassenheit) habe im mühevollen Leben, das ist das allerbeste. Wenn der Mensch Gott und alle Dinge liebt und alle Werke wirkt nicht um Lohn, um Ehre oder Gemach, sondern nur um Gottes willen, so ist das ein Zeichen, dass er Gottes Sohn ist.* Gott ist Liebe, Gott ist Freude sagt Cayce. Jedes Atom tanzt vor Freude und wird zusammengehalten durch Liebe heißt es in der Karmapa-Meditation. In den Upanishaden bedeutet das Erkennen des SELBT das Ende allen Leids. Bei Eckhart: *In diesen Menschen fällt kein*

Leiden. ...erfreut sich meine Seele aller Freude und aller Seligkeit (Ananda), *der Gott sich selbst in seiner göttlichen Natur erfreut.*
Was andere als Erwachen beschreiben, ist bei Patanjali Kaivalya **(Befreiung)**. Damit meint er nicht nur die Befreiung von Gewohnheitsmustern in Denken und Handeln (Samskaras). Bei Eckhart: *Der Wille ist so frei und edel, dass er von keinen körperlichen Dingen Antrieb empfängt, sondern aus eigener Freiheit wirkt er sein Werk.* Patanjali geht hier weiter. Er meint mit Befreiung die Befreiung des Geistes/der Seele (Purusha) aus der Begrenzung durch die Natur (Prakriti). Dabei geht es aber nicht um Auflösung im Nirvana, sondern um die freie Nutzung der Natur zum Wohle aller, ohne von ihr gebunden zu werden. Diese Freiheit ist eingebettet in die Erfahrung des Ganzen, der Einheit in der Vielheit. *Gott liebt, und die Seele, die in Liebe ist, die ist in Gott, und Gott ist in ihr; und da Gott in ihr ist, so muss die Seele überall sein, weil der in ihr ist, der überall ist.* Wenn Gott, die Welt und die Wesen als eins und als eins mit mir erfahren werden, bin ich mit allen und Allem in **Liebe** verbunden.

Gedankenmodelle/Glauben---Gunas--Kosmologie

Physiker sind sich meist darüber im Klaren, dass Ihre Erklärungsansätze **Modelle** sind, die nichts über die „Realität" an sich aussagen, sondern Vorgänge erklären. Kriterium für ihre Richtigkeit ist die Reproduzierbarkeit und Anwendbarkeit auf möglichst alle Abläufe (Gravitationsgesetz = Objekte ziehen sich an, konkret: ein Apfel fällt zu Boden). *Physikalische Begriffe sind freie Schöpfungen des Geistes und ergeben sich nicht zwangsläufig aus den Verhältnissen der Außenwelt* (Einstein). *Wir müssen also auf der Hut sein und den Umstand sorgfältig beachten, dass unsere Theorien keine „Beschreibungen der Realität, wie sie ist", sind, sondern vielmehr laufend wechsende Ansichten, die auf eine implizite und in ihrer Gesamtheit nicht beschreibbare Realität hinweisen* (Bohm). Unsere **Gewohnheitsmuster** im Denken mit Kategorisierung in festgelegte Begriffe führt zu einer beschränkten Weltsicht, von deren Richtigkeit wir überzeugt sind. Das Gleichnis von den Blinden, die einen Elefanten an verschiedenen Körperteilen anfassen und beschreiben (Bein = Säule, Schwanz = Seil usw.), schildert die Angelegenheit anschaulich. *Der Mensch verschafft sich so einen scheinbaren Beweis für die Richtigkeit seines fragmentierten Weltbildes, obwohl er natürlich die Tatsache übersieht, dass er es mit seinem Handeln, das auf sein Denken folgt, selbst ist, der die Fragmentierung herbeiführt, die nunmehr ein autonomes Dasein unabhängig von seinem Wollen zu haben scheint. ...Dadurch erzeugt man das Gefühl, die Fragmentierung brächte nicht anderes zum Ausdruck, als „wie alles in Wirklichkeit ist".* (Anm. A.T.: Ihr lest gerade eine zeitgemäße Definition von Maya). Über die Konsequenzen führt Bohm aus: *Wie schon gesagt, können aber Menschen, die sich von einem fragmentierten Selbst-Weltbild leiten lassen, auf lange Sicht nicht umhin zu versuchen, durch ihr Handeln sich selbst und die Welt in Stücke zu brechen, wie es ihrer gewohnten Denkweise entspricht. ...Daher ist es kein Zufall, wenn unsere fragmentierte Denkweise ein derart breites Spektrum an Krisen hervorbringt: soziale, politische, ökonomische, ökologische, psychologische usw., und dies sowohl im Einzelnen wie in der*

Gesellschaft im Ganzen. Wozu sollen soziale, politische, ökonomische und andere Maßnahmen dienen, wenn der Verstand so wirr ist (Anm.: Ich verweise auf ähnliche Aussagen bei Laor *...Wir haben den Sinn verloren.*) *Ein solches Handeln wird bestenfalls unnütz und schlimmstenfalls zerstörerisch sein.* Wie ihr seht, haben Meditation und spirituelle Ausrichtung mit dem Ziel der Erfahrung des Einsseins durchaus weitreichende Auswirkungen, auch wenn euch das vielleicht gar nicht bewusst ist. Bohm: *Es erfordert ... eine innere Maßgerechtigkeit etwa in Form von körperlicher Gesundheit, maßvollem Handeln und Meditation, wodurch man Einblick in die Angemessenheit* (Anm. A.T. besser wäre *Begrenztheit*) *des Denkens erlangt.*

Menschen sind äußerst kreativ im Erfinden von Geschichten; die können wahrheitsgetreu, spekulativ, auf Irrtum beruhend, frei erfunden oder gelogen sein. Leider sind Menschen aber meist so unvernünftig, an diese Geschichten zu glauben, ihnen mit Gewalt Gehör zu verschaffen und andere Geschichten als ketzerisch zu brandmarken. Ich verweise auf Nationalsozialismus, Kommunismus, leider auch auf Religionen, und aktuell auf einen Herrn Trump. Die dadurch verursachten Probleme können nur durch eine Änderung im Bewusstsein gelöst werden. Den radikalsten Lösungsansatz finden wir bei Eckhart und Patanjali. Dort geht es nicht um Veränderung der Denkmuster, sondern um ihre Auflösung. Wir sollten uns darüber klar werden, dass unsere Denkmuster aus der Steinzeit stammen. Die Inhalte (z.B. Nicht-Muslime soll man töten. Ketzer müssen verbrannt werden. Randnotiz: Eckhart wurde als Ketzer verurteilt und nicht rehabilitiert; wer seine Schriften verbreitet, müsste eigentlich exkommuniziert werden.) ändern sich, die Strickmuster bleiben: Was Häuptlinge (König, Papst, Professor) sagen, muss wohl stimmen (allerdings nimmt die Zahl der „Experten" exzessiv zu). Häuptlinge machen natürlich keine Fehler, denn das würde Gesichtsverlust und Abstieg in der Hierarchie bedeuten. Was alle glauben, muss wohl wahr sein (Früher: Die Erde ist eine Scheibe. Heute: 1,5 m schützen vor Infektion mit Covid19). Was immer wieder gesagt wird (Werbung, Propaganda), wird irgendwann wider besseres Wissen als wahr akzeptiert. In der Wissenschaft ist ein häufiges Problem, dass aus einem zeitlichen Zusammenhang ein ursächlicher konstruiert wird. Im Sozialverhalten haben wir Denk- und Verhaltensmuster basierend auf Stammesgemeinschaften, eine häufige Ursache für Konflikte. Das Hauptproblem aber bleibt die oben beschriebene Fragmentation (beschränkte Sicht), deren Wurzel letztendlich in dem liegt, was Patanjali als **Avidya** bezeichnet. Das Problem, welches durch konzeptuelles Denken verursacht wird, kann nicht durch den Verstand gelöst werden, der ja die Ursache des Problems ist. Ein neues integrales Bewusstsein ist nötig. Aurobindo hat dafür den Begriff des Supramentalen kreiert. Andere nennen es transpersonales Bewusstsein. Traditionell nennt man es kosmisches Bewusstsein, Anderes Thema.

Bohms Implizierte Ordnung könnte man als Platons (*428 v. Chr.) Ideenwelt in modernem Gewand interpretieren. Noch mehr trifft das auf Sheldrakes Morphogenetische Felder zu. Demokrit (*460 v. Chr.) entwarf das Atommodell. Obwohl in der Neuzeit dazu viel Detailwissen gefunden wurde, bleibt das Modell in Grundzügen erhalten. Für die **Gunas** (Eigenschaften/Kräfte der Natur = Prakriti) habe ich in Schriften keine zeitgemäße Version gefunden. Sie stammen aus der Sankhya-Yogaphilosophie (Kernzeit 400 v. Chr. bis 700 n. Chr.). Patanjalis Purusha (bewusster Geist, jenseits von Zeit und Raum) und Prakriti (Natur) sowie die Gunas Sattva (Reinheit, Klarheit, Licht), Rajas (Energie, Bewegung, Leidenschaft) und Tamas (Trägheit, Dunkelheit, Schwere) basieren auf dieser Philosophie. Nach ihr wird der Purusha durch Yoga aus der Verwicklung in die Gunas befreit. Bestimmte Nahrungsmittel nach ihrem Gehalt an den Gunas einzuteilen kann doch nicht alles sein. Die Alten müssen sich noch mehr dabei gedacht haben. Schließlich geht es um die Grundeigenschaften der Natur. Gibt es also eine Entsprechung für Licht, Energie und Schwere in der modernen Physik? Mein folgender Gedankensprung ist recht gewagt, aber nicht absurd. Jeder kennt Albert Einstein`s $E = m \times c^2$. Sattva wäre Licht (c), Rajas Energie (E) und Tamas Materie (m). Es gibt noch eine 2. physikalische Trinität als Grundlage der Welt. •Nach der Speziellen Relativitätstheorie ist die maximal mögliche Geschwindigkeit die Lichtgeschwindigkeit c (Sattva). •Nach der Quantenmechanik lässt sich die Energie von Photonen (E) mit dem Planckschen Wirkungsquantum (h) und der Frequenz (f) berechnen E = h x f (Rajas). •Nach der Theorie der Quanten-Gravitation (Tamas) ist die Planck-Länge die kleinstmögliche. Ich erinnere an die obigen Ausführungen. Philosophische Systeme und naturwissenschaftliche Theorien sind Erklärungsmodelle für die Welt. Beide sind im Sinne des gegenwärtigen Wissenschaftsverständnisses „richtig", wenn sie reproduzierbar zu voraussagbaren Ergebnissen führt. Das trifft für Yoga (im klassischen Sinn) zu. Das trifft aber auch für die Aussagen von Eckhart zu. Erleuchtung oder wie immer man das benennt ist mit bestimmten Methoden erreichbar, aber mit Worten nicht fassbar. Ebenso sehen moderne Wissenschaftler im Kosmos eine schöpferische Intelligenz, die sich aber nicht mit einer „Weltformel" beschreiben lässt. Ein Zitat von Max Planck: *Es gibt keine Materie an sich! Alle Materie entsteht und besteht durch eine Kraft, welche die Atomteilchen zum Schwingen bringt und zusammenhält. So müssen wir hinter dieser Kraft einen bewussten, intelligenten Geist annehmen. Dieser Geist ist der Urgrund aller Materie.*

Wozu diese Ausführungen? Es geht natürlich um die Sinnfrage. Und auf die gibt es viele, aber nicht die einzig wahre mit Worten beschreibbare Antwort. Bei genauem Hinsehen entdeckt man aber erstaunliche Parallelen.

Bei einer früheren Suche nach einer **Kosmologie** in spirituellen Traditionen fand ich auch erstaunliche Übereinstimmungen. Es gibt ein Absolutes ohne Eigenschaften, aus dem die Schöpfung sich manifestiert, und zwar in drei Graden. In der Sprache der Naturwissenschaften könnte man vom Quantenfeld (Absolutes), In-formation (das Wissen, in welcher Form etwas entsteht = morphogenetisches Feld) oder Intelligenz (Ideen, Kausalkörper), Energie (feinstofflich) und Materie (grobstofflich; E = m x c²) als verdichteter Energie sprechen. Die Worte sind verschieden, der Sinn ist gleich.

	Absolutes	Ideen/Kausalkörper	feinstofflich	grobstofflich
Advaita Vedanta	Brahman nirguna ohne Eigensch.	Brahman saguna m.E.,Ishvara	Jivaatman	Annamayakosa
Buddhismus	Svabhavikakaya	Dharmakaya	Samboghakaya	Nirmanakaya
Taoismus	Wou-ki	Tai-ki	Tien(Himmel)	Ti(Erde)
Qabbalah	Azilut	Briah	Jetzirah	Assiah
Plotin	Gutes/Eines	Pneuma	Psyche	Soma
Meister Eckart	Gottheit/Seinsgrund	Gott	Seele	Kreatur

Wenn man Materie als verdichtete Energie ansieht, kommt man zu den bekannten dualen komplementären Modellen: Shiva/Shakti, Christus(Krishna)/Heiliger Geist, Yang/Yin, Ishvara-Purusha(Atman-Paraatman)/Prakriti. Das Absolute bleibt wie zuvor. Die christliche Dreieinigkeit wäre also Gottvater = Absolutes, Gottsohn/Christus = Schöpferische Intelligenz und Heiliger Geist = Energie, Schwingung, Om, Amen.

Zurück auf Start: All das sind Denkmodelle, die wie eine Leiter beim Besteigen eines Daches hilfreich sind. Man muss sich aber beim Betreten des Daches von der Leiter lösen.

Wisst nun, alle unsere Vollkommenheit und alle unsere Seligkeit hängt daran, dass der Mensch durchschreite und hinausschreite über alle Geschaffenheit und alle Zeitlichkeit und alles Seiende und eingehe in den Grund, der grundlos ist.

Erkennte ich alle Dinge und Gott nicht, so hätte ich nichts erkannt. Erkennte ich aber Gott und sonst nichts, so habe ich alles erkannt.

Denn solange der Mensch dieser Wahrheit nicht gleicht, solange wird er diese Rede nicht verstehen.

Wer solches erkannt hat, dem ist genug gepredigt.

Zurück auf Start. Wie passt Levitation zum Naturgesetz der Gravitation?

Die obigen Aussagen sollen nicht sagen, der **Verstand** sei nutzlos. Er ist ein Werkzeug, das man sinnvoll einsetzen soll. Mit einem Auto kann man auf Strassen gut von einem Ort zum anderen kommen. Fliegen kann man damit aber nicht. Für den Bau eines Hauses braucht man ihn. Ein Komponist nutzt aber nicht den Verstand, sondern Inspiration. Brahms sagte, dass das Denken beim Komponieren zur Ruhe kommt und die Musik ihm eingegeben (Inspirare = einhauchen) wird. Kreativität folgt nicht den Gesetzen der Logik. Verstand analysiert, kategorisiert. Weisheit integriert. Intuition ahnt ein Sinngefüge.

Auch Gewohnheitsmuster sind im jeweiligen Kontext sinnvoll. Dass an Strassenkreuzungen Pfosten mit verschiedenfarbigen Leuchten uns etwas signalisieren, ist hilfreich. Wenn aber jemand wegen seiner Rassen- oder Religionszugehörigkeit verachtet wird, ist dieses Gewohnheitsmuster ein Hindernis für geistiges Wachstum. Selbst wenn man noch unvollkommen ist, kann allein schon das Wissen über unsere durch biologische, ethnische, soziokulturelle und persönliche Einflüsse geformten Prägungen etwas Abstand und Aufweichen bewirken.

Das Einüben neuer Denk- und Verhaltensweisen wie Mitgefühl und gute Werke gehört zum Übungsweg spiritueller Traditionen. Dieser „Weg von unten" benötigt zur Vervollständigung den „Weg von oben". Erst die Erfahrung des EINSseins in der Vielheit, der Universalität in der Individualität bereitet den Boden für bedingungslose und allumfassende Liebe, welche spontan aus der Erkenntnis keimt, dass es nur ein SELBST gibt.

Bhagavad Gita

Kapitel 13
Unterscheidung zwischen dem Feld und dem Kenner des Feldes

26 O Bester der Bharatas (Arjuna), wisse, dass alles, was existiert - jedes Lebewesen und jeder Gegenstand, das Belebte und das Unbelebte -, der Vereinigung von Kshetra (Feld, Schöpfung mit Kosmos (Makro) und Körper (Mikro), Prakriti, Seiendes) *und Kshetrajna* (Kenner des Feldes, Paraatman/Ishvara/Gott (Makro) und Atman/Seele (Mikro)) *entspringt.*

27 Wer den Höchsten Herrn unterschiedslos in allen Wesen wahrnimmt und den Unvergänglichen im Vergänglichen schaut, der sieht die Wahrheit.

28 Wer die Allgegenwart Gottes erkennt, wird das SELBST nicht durch das Selbst verletzen. Ein solcher Mensch erreicht das Höchste Ziel.

29 Wer erkennt, dass Prakriti, und nicht das SELBST, in allem die einzig Handelnde ist, der schaut wahrhaftig die Wahrheit.

30 Wer erkennt, dass alle einzelnen Wesen in dem Einen enthalten sind, der sich in viele aufgeteilt hat, der geht in Brahman ein.

31 O Sohn der Kunti (Arjuna), da das Höchste SELBST, das Unwandelbare, anfanglos und frei von allen Eigenschaften ist, handelt Es nicht und wird von keinen Handlungen berührt, obgleich Es im Körper weilt.

32 So wie der alldurchdringende Äther (Akasha) in seiner Feinheit ohne jeglichen Makel ist, so ist auch das SELBST, obgleich es überall im Körper wohnt, ewig makellos.

33 O Bharata (Arjuna), so wie die eine Sonne die ganze Welt erleuchtet, so erleuchtet der Herr des Feldes (Gott und Seine Widerspiegelung als Seele) das ganze Feld (die Natur und die »kleine Natur« - den Körper).

34 Wer mit den Augen der Weisheit den Unterschied zwischen Kshetra und Kshetrajna schaut und auch die Methode kennt, die zur

Befreiung der Wesen von Prakriti führt, geht in das Höchste ein.

In Samadhi löst sich die Seele aus ihrer Identifikation mit dem Körper und erkennt sich als unbegrenzter Geist. Es steht ihr frei, nur auf der Ebene des Absoluten zu bleiben oder zusätzlich in absoluter Freiheit die Natur im Bereich der Gegensätze (Prakriti, Maya) zu gestalten. Es sollte klar sein, wie sich eine befreite Seele, die durch das „Tal der Tränen" (Gleichnis vom Verlorenen Sohn) gegangen ist, entscheidet. Wie sich eine edle Seele, die noch auf dem Weg war, entschieden hat, zeigt die folgende Geschichte. Ramanuja (*1017) studierte und lehrte die Vedanta-Lehre. Er erstrebte die Einweihung bei einem Heiligen namens Goshthipurna, wurde aber 6x abgewiesen. Erst dann erhielt er von ihm ein heiliges Mantra mit der Auflage, es nicht an andere Menschen weiterzugeben - andernfalls würde er selbst verdammt werden, während die anderen erleuchtet würden. Ramanuja begab sich nach der Einweihung in einen Tempel und wiederholte dort vor zahlreichen Besuchern sein Mantra. Als ihn Goshthipurna mit gespieltem Zorn zurechtwies, erwiderte Ramanuja: „Wenn durch meine Verdammung so viele Menschen erlöst werden, so könnte ich nichts Höheres wünschen."

Kapitel 15
Purushottama, das Höchste Wesen (GEIST jenseits des Vergänglichen und Unvergänglichen)

16 Es gibt zwei Wesen im Kosmos, das zerstörbare und das unzerstörbare. Die Kreaturen sind das zerstörbare, und das Kutastha (SELBST) ist das unzerstörbare.
17 Doch es gibt noch ein anderes, Höheres Wesen, das man als »Höchsten GEIST« bezeichnet -. den Ewigen Herrn, der die drei Welten durchdringt und sie aufrechterhält. (Sein, Urgrund, Brahman, bei Eckhart Gottheit im Gegensatz zu Gott)
18 Ich (der Herr) existiere jenseits des Vergänglichen (Prakriti) und stehe auch über dem Unvergänglichen (Kutastha). Deshalb werde

Ich in den Welten und im Veda (der intuitiven Wahrnehmung der nicht getäuschten Seelen) Purushottama, das Höchste Wesen, genannt.

19 Jeder, der frei von Täuschung ist und Mich auf diese Weise als den Höchsten GEIST erkennt, der weiß alles, o Nachkomme von Bharata (Arjuna). Er betet Mich mit seinem ganzen Wesen an.

20 Hiermit, o Sündloser (Arjuna), habe Ich dich diese höchste Weisheit gelehrt. Wer sie versteht, wird zu einem Weisen, der all seine Pflichten gewissenhaft erfüllt und dennoch nichts mehr zu erreichen hat.

In der Bhagavad Gita wird das Absolute Purushottama genannt. Brahman nirguna (ohne Eigenschaften) ist ein weiterer Ausdruck dafür.

Ich erinnere an die Übersicht zu Kosmologien:

	Absolutes	Ideen/Kausalkörper	feinstofflich	grobstofflich
Vedanta	Brahman nirguna ohne Eigensch.	Brahman saguna m.E.,Ishvara	Jivaatman	Annamayakosa
Buddhismus	Svabhavikakaya	Dharmakaya	Samboghakaya	Nirmanakaya
Taoismus	Wou-ki	Tai-ki	Tien(Himmel)	Ti(Erde)
Qabbalah	Azilut	Briah	Jetzirah	Assiah
Plotin	Gutes/Eines	Pneuma	Psyche	Soma
Meister Eckart	Gottheit/Seinsgrund	Gott	Seele	Kreatur

Evolution aus spiritueller Sicht

Einleitung

Da ich nicht erleuchtet bin, also keinen direkten Zugang zu ewigem Wissen habe, bin ich auf indirektes Wissen angewiesen, meinen Verstand. Der hat bei meiner spirituellen Suche schon lange an 2 Themen zu knacken.

1) Eins-Sein im Geiste. Dazu verweise ich auf frühere Kapitel. Das Thema wurde erneut angestoßen, als im Rahmen einer Gruppenmeditation folgender Text von Teresa von Avila vorgelesen wurde.

»Hier jedoch ist es, wie wenn Wasser vom Himmel in einen Fluss oder eine Quelle fällt, wo alles nichts als Wasser ist, so dass man weder teilen noch sondern kann, was nun das Wasser des Flusses ist und was das Wasser, das vom Himmel gefallen; oder es ist, wie wenn ein kleines Rinnsal ins Meer fließt, von dem es durch kein Mittel mehr zu scheiden ist; oder aber wie in einem Zimmer mit zwei Fenstern, durch die ein starkes Licht einfällt: dringt es auch getrennt ein, so wird doch alles zu einem Licht.«

Ich habe mehrere Jahre an den monatlichen Treffen einer Kontemplationsgruppe teilgenommen. Die Leiterin gehört zum Umfeld der Würzburger Schule um Willigis Jäger. Im Anschluss an die Meditation gab es Gespräche über spirituelle Themen. Die Leiterin lehnt Karma und Reinkarnation ab. Die Wunder Jesu sind für sie symbolisch gemeint. Ein Jenseits herkömmlicher Vorstellung mit (ewigem/r oder vorüber- gehendem/r) Himmel und Hölle gibt es nicht. Nach dem Tod tauchen wir wieder in den göttlichen Urgrund ein, aus dem wir gekommen sind. Die Frage, warum wir Kontemplation üben und uns um ethisches Verhalten bemühen, wenn wir uns alle gleichermaßen nach dem Tod in Leere (=Nirvana) auflösen, blieb unbeantwortet.

2) In allen Traditionen gibt es widersprüchliche Aussagen zum Kosmos. Laut Shankara (Advaita) ist die Welt Illusion, ein Nichts, welches durch Maya nur scheinbar existiert. Im Kashmir-Shivaismus (auch Advaita) ist der Kosmos eine Emanation Gottes. Yogananda steht in der Tradition des Shankara-Ordens. Er sagt aber: *„Gott*

manifestiert sich als Schönheit der Natur. Sein Atem ist der Wind. Seine Göttlichkeit lächelt uns in den Blumen zu. " Meine Frage: Wenn Gott vollkommen ist, warum manifestiert er dann ein Universum, das ein „Nichts" ist, eine Täuschung ist, der man so schnell wie möglich entkommen muss? Eine mögliche Antwort wäre: Nicht die Welt ist illusorisch, sondern unsere Sichtweise.

Zur Klärung habe ich schon früher gelesene Bücher zu Rate gezogen, die aus verschiedenen Traditionen stammen. Ich hoffe, dass das ein wenig den Nebel lichtet. Unser Ziel als göttliche Seele ist nicht die Auflösung, sondern die Erfahrung der Einheit in der Vielheit und der Vielheit in der Einheit. Individualität (damit ist nicht Ego gemeint) und Universalität gehören zusammen. Im kosmologischen Sinne bedeutet das: Zu Beginn (außerhalb der Zeit) war Gott „Ich bin". Durch einen Impuls entstand in ihm die Frage „Wer bin Ich?". Aus der Schöpfung hallt es in unzähligen Variationen „Ich bin Gott". Die Reise mag für die Seele manchmal leidvoll sein. Doch das Resultat lässt das alles vergessen. Mit den Worten von Meister Eckhart: *„Und die Meister erweisen, dass dieser Einigung und diesem Durchfluss und dieser Wonne sich nichts an Lust und Wonne vergleichen kann. "*

Buddhismus
Hinayana ist der Weg der Entsagung. Man muss alle hinderlichen Gewohnheiten durch Verhaltensregeln inkl. Gelübden kontrollieren. Das geht eigentlich nur im Kloster. Körper und Welt sind unrein. Durch individuelle Reinigung wird der „Arhat" aus dem leidvollen Kreislauf von Geburt und Tod erlöst.

Im **Mahayana** spielt Mitgefühl eine zentrale Rolle. Ein „Bodhisattva" stellt die eigene Erleuchtung zurück, um anderen bei der Überwindung des Leidens zu helfen. Neben Mitgefühl ist der zweite zentrale Punkt „Sunyata", Leerheit. Hier gibt es zwei Aspekte: a) Auf der dualen Ebene ist gemeint, dass alle Erscheinungen bedingt sind. b) Auf der nondualen Ebene ist der Seinsgrund, die Soheit gemeint. Im Mahayana liegt die Betonung auf der Unterlassung von negativen und der Kultivierung von positiven Handlungen.

Im **Tantrayana/Mantrayana** geht es nicht um Kontrolle, sondern

Transformation. Zur Anwendung kommen Visualisation und energetische Übungen.

Im **Dzogchen** ist der zentrale Aspekt das direkte Eintauchen in die nicht-duale Kontemplation. Verwirklichung bedeutet, ständig im ursprünglichen nondualen Zustand des Geistes (Rigpa) zu verweilen. Buddhas Anliegen war es, den Menschen einen Weg zur Beendigung von Leid zu zeigen. Er wollte kein philosophisches Gebäude erstellen. Auf die Frage nach Gott hat er geschwiegen. Seine Schüler haben das Schweigen als Nein interpretiert. Durch ein Missverständnis ist dem Buddhismus Gott abhanden gekommen. Mit „Es gibt keinen Atman" dürfte Buddha „Es gibt kein Ego" und nicht „Es gibt keine Seele" gemeint haben. Die Erklärung von Reinkarnation wird ohne Seele schwierig. Auf die Frage „Woher kommen wir?" und „Woher kommt die Welt?" finden wir im Buddhismus kaum Antworten. Das mag auch an obigen Missverständnissen liegen.

Im Dzogchen gibt es Urgrund, Pfad und Frucht. Mit Urgrund ist der fundamentale Grund der individuellen und universellen Ebene gemeint. Er ist ungeschaffen, rein, unzerstörbar, grenzenlos, jenseits von Zeit und Raum, allgegenwärtig, unveränderlich, vollkommen. Zur Erklärung wird als Gleichnis gern auf den leeren Raum verwiesen. Dieser Zustand ist in Wesen, die in der Illusion der Dualität verstrickt sind, verborgen. Durch den Pfad wird die Illusion aufgelöst. Verwirklichung (Frucht) wird nicht erzeugt. Sie offenbart unsere wahre Beschaffenheit: Urgrund.

Ein anderer Begriff für Soheit ist **Dharmadathu**: Die wahre Natur des Geistes und der Phänomene jenseits von Entstehen, Verweilen und Vergehen. Ein zentraler Satz zum Thema Kosmologie. Weitere wichtige Begriffe: **Dharmakaya** (mentale Ebene), **Sambhogakaya** (energetische Ebene), **Nirmanakaya** (materielle Ebene). Mit **Nirvana** ist das Erlöschen der Ursachen für den Daseinskreislauf (Samsara) gemeint. Für den Arhat im Hinayana ist damit ein passiver Endzustand gemeint. Im Mahayana wird es unter anderem definiert als Erfahrung des Einsseins mit dem Absoluten.

Buddhistisches Tantra: *Alle Lebewesen sind eigentlich Buddhas, aber vorübergehende Schleier verhüllen ihre wahre Natur. Wenn* *diese entfernt sind, sind sie wirklich Buddhas.*

Padmasambhava: *Leeres Gewahrsein des Ein-Geschmacks, das von Bewusstheit erfüllt ist – das ist dein makelloses Wesen, der ungekünstelte ursprüngliche Zustand.*

Buddha: *Wenn man die gleiche Zeit, die eine Ameise braucht, um von einem Ende der Nase zum anderen zu laufen, in Kontemplation verbringst, fördert dies die Verwirklichung mehr als ein ganzes Leben, das damit zugebracht wird, gute Taten anzuhäufen.*

Quelle: Chögyal Namkhai Norbu, Dzogchen.
        Tulku Urgyen, Wie es ist.

Der Ochse und sein Hirte

Früher gab es nur 8 Bilder; zumindest hat das ein Zenlehrer gesagt. Stufe 8 ist die Erfahrung der lebendigen Leerheit jenseits der Dualität.

Der spirituelle Weg, die Suche nach Erleuchtung, wird in Bildern beschrieben.

1) Die Suche beginnt erst, wenn man etwas vermisst. Das klingt banal, ist aber die Voraussetzung für <u>Umkehr</u>.

2) Das Entdecken der Spur bedeutet gleichnishaft, über Wein indirekte Kenntnisse durch Menschen oder Bücher zu bekommen.

3) Mit Erblicken des Ochsen ist eine erste spirituelle Erfahrung gemeint.

4) Das Einfangen des Ochsen bedeutet Stabilisierung der Erfahrung.

5) Das Zähmen des Ochsen bedeutet <u>leichte Erreichbarkeit Reinen Gewahrseins</u>.

6) Der Heimritt ist <u>mühelos</u>.

7) Der Ochse ist vergessen, der Mensch bleibt. <u>Das Licht des ursprünglichen Wesens.</u>

8) Vollkommenes Vergessen von Ochs und Mensch. <u>Leere jenseits aller Dualität.</u> Das Nirvana des Arhat. Auflösung im Formlosen. Im Stufenweg des Aufstiegs der Seele bei Meher Baba ist das der in Gott Versunkene, Brahmi Boot.

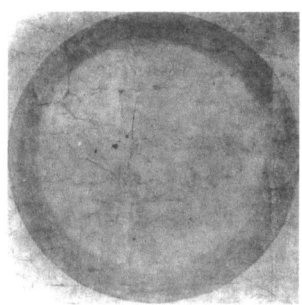

9) Rückkehr in den Grund. <u>Form und Leere sind eins.</u> Aus So-heit wird So-wie-heit. Vielfalt in der Einheit, Einheit in der Vielfalt.

10) Betreten des Marktes mit offenen Händen. <u>Erleuchtung im Alltag.</u> Abgeschiedenheit ist nicht das Ziel, sondern eine Zwischenstation. Einssein in Liebe mit Einem und allen.

Quelle: Eine altchinesische Zen-Geschichte, übersetzt von Hartmut Buchner.

Hinduismus

Im Hinduismus gibt es mehrere Ausprägungen. Für die Überlegungen zu einer Kosmologie bietet sich Advaita in Form des Kashmir-Shivaismus an. Gott (*Shiva*) in seinem transzendenten Aspekt ist *cit*, reines Bewusstsein oder Gewahrsein ohne Trennung, ohne Subjekt und Objekt, nicht relativ, das Absolute. Es wird beschrieben als Licht, durch das alles erscheint, und als höchste Kraft, die für Emanation, Erhalt und Reabsorption des Universums verantwortlich ist. Es ist das Unveränderliche, das jeder relativen Erscheinung zugrunde liegt. Die höchste Kraft wird auch als *Shakti* bezeichnet. Weitere Merkmale sind *ananda*, Glückseligkeit, *iccha*, uneingeschränkter Wille, *jnana*, allumfassendes Wissen und *kriya*, grenzenlose Formkraft. Aus einem kreativen Pulsieren im Absoluten entsteht der Impuls zur Emanation des Universums. *Shakti* polarisiert das Bewusstsein in Subjekt und Objekt. Aus „Ich bin" wird „Ich bin dies". Durch Wissen differenziert sich die unbestimmte Erfahrung zu einem klaren Bild, einer vollkommenen göttlichen Idee. Dies und Ich sind unterscheidbar, werden aber nicht als getrennt erfahren (Verschiedenheit in Einheit). Im nächsten Stadium kommt *maya* in´s Spiel. „*Ma*"bedeutet messen. Durch Begrenzung kommt Trennung. Durch den Schleier von *maya* vergisst das Selbst seine wahre Natur. Die fünf Hüllen begrenzen Kraft, Wissen, Glück, Zeit und Raum. *Shiva* wird durch die Begrenzung zum individuellen Subjekt (*purusha)* und erfahrbaren Objekt (*prakriti*). Durch weitere Differenzierung entstehen Intelligenz, Ego und Sinnesbewusstsein. Alle Erscheinungen sind ein Ausdruck von *cit*, eine Manifestation des universellen Bewusstseins, Projektionen göttlicher Ideen. Im Individuum wirkt die *prana-shakti* als Lebenskraft. Ein besonderer Aspekt der *Shakti* wird als *kundalini* bezeichnet. Zusammenfassend kann man sagen, dass das Selbst des Menschen göttlich ist, aber durch Unwissenheit als begrenztes Individuum (*purusha*) erlebt wird. Befreiung bedeutet, seine wahre Natur wieder zu erkennen. Das ist kein intellektueller Prozess. Die Eindrücke und Gewohnheitsmuster (*samskaras*) unzähliger früherer Leben müssen aufgelöst werden. Das geschieht durch verschiedene Methoden und/oder durch göttliche Gnade.

Eine wirkungsvolle Praktik ist die Innenschau mit der Auflösung von Gedanken in ihrem Ursprung mit Verweilen im reinen (universellen, göttlichen) Gewahrsein (*samadhi*, Kontemplation). Es gibt verschiedene Stufen der Verwirklichung. Ein *pralayakala* erfährt Leere, ist aber durch *maya* verblendet. Der *vijnanakala* hat sich über *maya* erhoben, ist aber unterhalb des reinen Wissens. Nur dem, der *Shiva* erfährt, dem *Shiva-pramata*, erscheint alles als *Shiva*. Er kehrt mit der Erfahrung der manifestierten Herrlichkeit *Shivas* nach Hause zurück.

Quelle: Das Geheimnis vom Wiedererkennen des Selbst, Kommentar Jaideva Singh.

Chandoya Upanishad: *Am Anfang war nur das Sein, Eines ohne ein Zweites. Aus sich brachte es den Kosmos hervor und ging in alles darin Vorhandene ein. Nichts existiert, das nicht aus ihm stammt. Von allem ist es das innerste Selbst. Es ist die Wahrheit; es ist das höchste Selbst. Das bist du.*

Paramahamsa Upanishad: *Die Welt der Veränderung und die unveränderliche Wirklichkeit sind ihm eins, denn er sieht alles in Gott.*

Siddhis/Evolution

Die Sutren zu den übernatürlichen Fähigkeiten wurden ausgelassen, weil sie auf Unverständnis stoßen würden und auch nicht das Ziel im Yoga sind. Sie sind Beigaben der Befreiung. Ein Erwachter hat sie, aber jemand, der z.b. telepathische Fähigkeiten hat, ist deswegen noch nicht erwacht. Einzelne Siddhis isoliert anzustreben, endet in einer Sackgasse. Siddhis betreffen körperliche (z.b. Bilokation) und geistige (z.b. direktes Wissen) Angelegenheiten. Hier sollen nur die zugrunde liegenden Gesetzmäßigkeiten angedeutet werden. Auf die Fähigkeit des direkten Wissens wird ein wenig eingegangen. Vorweg möchte ich auf scheinbar unzusammenhängende Dinge eingehen.

Augustinus hat gesagt: *Liebe und tu, was dir gefällt.* Das kann ganz leicht missverstanden werden. Wir sollten immer bedenken, ob sich Aussagen auf die relative Ebene (dual, vergänglich, Ego, in der Gita das Feld, bei Patanjali Prakriti/Natur, bei Eckhart Seiendes) oder die absolute Ebene (unveränderlich, ewig, Atman/Purusha, Seele, in der Gita der Kenner des Feldes, bei Eckhart Sein) beziehen. Liebe auf der relativen Ebene ist vergänglich und gleich oft eher einem Tauschhandel. Liebe auf der absoluten göttlichen Ebene hängt nicht von Bedingungen ab, fordert nicht, nimmt vollständig an. Ohne eine Prise davon sind Beziehungen auf Sand gebaut / gibt es im Zusammenleben der Völker Konfrontation statt Kooperation / wird die Natur gnadenlos ausgebeutet mit der ursächlich erklärbaren Folge der Klimakrise und der karmisch erklärbaren Pandemie. Statt *Ich liebe* sollte man besser sagen *Ich bin im Zustand der Liebe.* Damit ist eine inhärente Eigenschaft der Seele gemeint, die in dem Bewusstsein des EINSseins gegründet ist. Wer „seine Wohnstatt im Absoluten bezogen hat", handelt spontan zum Wohle aller.

Wu-wei (Nicht-Tun) versteht man erst, wenn man die obigen Aussagen berücksichtigt. Auf der relativen Ebene macht der Ausspruch „Indem er nicht handelt, gibt es nichts, was er nicht bewirkt" keinen Sinn (Laotse, Tao Te King). Gemeint ist spontanes Handeln im EINklang mit dem Tao ohne die geringste Spur eines Ego.

Jesus Christus sagt mit *Ich und der Vater sind eins* und *Dein Wille geschehe* dasselbe.

Bei <u>Meister Eckhart</u>: *Wenn der Mensch ein inneres Werk vollbringen will, so muss er alle seine Kräfte nach innen ziehen... und da mag er dann wirken.* Sowie: *Nach dem Zeitpunkt, da die Jünger den Heiligen Geist empfingen, da erst fingen sie an, Tugenden zu wirken.*

„Im Absoluten wohnen" setzt natürlich eine Reinigung voraus. Wiederholtes Verweilen im Asamprajnata Samadhi (ohne Objekt, Reines Gewahrsein) verbrennt die Samen (Gewohnheitsmuster und Karma) und mündet in Nirbija Samadhi (ohne Samen). Bei Eckhart: *So bereitet sich die Seele durch Übung. Dadurch wird sie von oben entzündet. So wird sie im Brand der Hitze geläutert und es wird ausgeworfen, was es an Ungleichem gibt in der Seele.*

Die Worte eines ganz = heil gewordenen Menschen (Heiligen) sind wahr und drücken die Realität aus. Wenn er zu einem Gelähmten sagt *Steh auf*, ist der geheilt. Für das Verständnis ist es hilfreich, sich klar zu machen, dass die Kraft zunimmt, je näher du dem EINEM kommst. Eine Analogie kann das erklären. Die Energie durch mechanische (physikalische) Ereignisse wie ein umstürzender Baum wird übertroffen durch Verbrennung (chemischer Vorgang). Das wird weit in den Schatten gestellt durch Atomenergie.

Bevor wir näherungsweise direktes Wissen (unter Umgehung von Sinnen und Verstand) zu erklären versuchen, sind einige grundlegende Überlegungen nötig. Es sei darauf hingewiesen, dass bei Gleichnissen nur Teilaspekte zur Verdeutlichung herangezogen werden dürfen. Gleichnisse beweisen nichts und eine komplette Übertragung führt zu Fehlschlüssen.

In den Wissenschaften gibt es keine einheitliche Definition von Bewusstsein. „Ich (im Sinne von SELBST) weiß, dass ich bin" dürfte allgemeine Akzeptanz finden. Dieses SELBSTbewusstsein ist etwas völlig anderes als das Selbstbewusstsein im üblichen Sinn (starkes Selbstbewusstsein = aufgeblähtes Ego). Cit wird zwar mit Bewusstsein übersetzt, ist aber viel mehr. In der indischen spirituellen Tradition werden dem eigentlich nicht beschreibbaren Seinsgrund (Brahman, Tao u.s.w.), der in den Upanishaden mit Neti, Neti (nicht dies, nicht jenes) umschrieben wird, die Eigenschaften Sat (Sein), Cit (Bewusstsein) und Ananda (Glückseligkeit) zugeordnet. Das wird des öfteren erweitert um Grenzenlose Liebe, Allwissen und Allmacht. Bewusstsein meint zum einen die Gesamtheit der Erlebnisse (Wahrnehmungen, Gedanken, Gefühle; bei Patanjali Citta-Vritti = Schwingung im Bewusstsein) und zum anderen das Bewusstsein des Gewahrseins dieser Inhalte. Auch bei dieser Definition dürften Wissenschaftler und Yogis übereinstimmen. Kommen wir auf die wesentlichen Unterschiede. Wissenschaftler und die meisten Menschen beachten nur die Inhalte des Bewusstseins und vergessen das Gewahrsein (oft als Zeugenbewusstsein bezeichnet). Im Yoga ist das Erkennen des Erkenners der zentrale Aspekt. Patanjali drückt das so aus:

I.2: Yoga ist das Auflösen der Identifikation mit den Fluktuationen, die im Bewusstsein entstehen.
I.12: Durch Üben und Loslassen kommt es zum Aufhören der Fluktuationen des Bewusstseins.
I.3: Dann ruht der Sehende in seinem wahren Wesen (Svarupa).

Wenn Menschen sich mit den Inhalten identifizieren und bestimmte als wünschenswert, andere als widerwärtig bewerten, „vergisst der Schauspieler, das er in einem Schauspiel vorübergehend eine Rolle angenommen hat". Die Folge ist die Erfahrung von Glück (abhängig von Umständen, nicht zu verwechseln mit Glückseligkeit als Attribut des SELBST) und Leid. Das Streben nach Glück kann man vergleichen mit einem Durstigen, der Salzwasser trinkt. In dem gegenwärtigen materialistischem Weltbild wird Bewusstsein verstanden als das Resultat komplexer neuronaler Netzwerke. Man versucht sogar, mit Halbleitertechnologie das Gehirn zu simulieren. Ich kann mir nicht vorstellen, dass das gelingt. So wie das Verständnis physikalischer Gesetzmäßigkeiten nicht das Phänomen des Lebens erklären kann, kann ein Modell isolierter Gehirne als Träger eines getrennten Bewusstseins Phänomene wie Inspiration (Einhauchen) oder gar Telepathie erklären. Hier kommen wir zu dem entscheidenden Unterschied.

Das Selbst ist eines, obwohl es viele zu sein scheint. Jene, die über das Selbst meditieren und das Selbst realisieren, gehen hinaus über den Verfall und den Tod, über die Getrenntheit und den Kummer. Sie sehen das Selbst in einem jeden und erlangen alle Dinge. Kontrolliere die Sinne und reinige den Geist. In einem reinen Geist herrscht ständiges Gewahrsein des Selbst. Wo ständiges Gewahrsein des Selbst herrscht, beendet Freiheit die Knechtschaft und beendet Freude den Kummer.

Chandogya Upanishad

Die Seele, die ihre wesenhafte Natur vergessen hatte, erkennt nun ihre göttliche Natur wieder. Der Yogi, der seine wesenhafte, göttliche Natur verwirklicht und jedes Gefühl von Unterschied von sich geworfen hat, fühlt in seinem Inneren das Universum als in Shiva aufgelöst und erfährt es im Außen als Ausdruck des Ich-Bewusstseins, das mit Shiva identisch ist.

Der Yoga der höchsten Identität, Kommentar Jaideva Singh

Um Erleuchtung zu erlangen, müssen wir den Unterschied zwischen Essenz und Manifestation erkennen. Die Lebewesen kleben an Manifestationen, dem kreativen Spiel ihres eigenen Geistes, doch ihre Essenz ist die ganze Zeit über unbegrenzte leere Bewusstheit. Der Geist der Lebewesen ist natürlich immer unbegrenzte leere Bewusstheit, aber ihre Bewusstheit klammert sich an die Dualität von Subjekt und Objekt. Sie nehmen eine Dualität wahr, wo es keine gibt. Aufgrund dieser dualistischen Fixierung setzt sich Samsara endlos fort....Die einzige Methode, sich wirklich all die großartigen Qualitäten der Erleuchtung anzueignen, ist es, viele Male den kurzen Augenblick des Erkennens der Geistessenz zu wiederholen. Einen anderen Weg gibt es nicht. Ein Grund für die Kürze der Momente liegt darin, dass es zurzeit keine Stabilität gibt und die Einblicke in die Geistesnatur deswegen nur kurze Augenblicke andauern, ob wir es mögen oder nicht. Indem man diesen Einblick viele Male wiederholt, macht man sich damit vertraut... In der Erkenntnis der Geistesessenz wird alles zu einer Einheit..

Tulku Urgyen

Der erkennt Gott wirklich, der ihn in allen Dingen gleich gegenwärtig erkennt...Gott und ich, wir sind Eines. Durch das Erkennen nehme ich Gott in mich hinein, durch das Lieben gehe ich ein in Gott...Wärst du wirklich Eins, so bliebst du auch Eins im Unterschiedlichen, und das Unterschiedliche würde dir Eins und könnte dich nun ganz und gar nicht hindern.

Meister Eckhart

Es gibt nur <u>ein</u> SELBST. Es gibt nur <u>ein</u> Cit (Bewusstsein). Cit ist das ganzheitliche Feld des göttlichen Bewusstseins. In diesem Feld gibt es nach der Yoga-Philosphie unzählige individuelle Kristallisationszentren, die aber nicht voneinander getrennt sind, sondern sich gegenseitig durchdringen.

Um Reines Gewahrsein zu erklären, wird oft das Gleichnis von der Leinwand (Cit) und dem Filmprojektor (Citta-Vritti) genannt. Einige Aspekte sind hilfreich. Wenn man den Projektor langsam laufen lässt, sieht man einzelne Lücken zwischen den Bildern und in den Lücken die Leinwand. Um jemandem einen kurzen Blick auf das Reine Gewahrsein (Rigpa u.a.) zu ermöglichen, gibt es den Trick, er solle darauf warten, welcher Gedanke als nächster kommt. Es entsteht eine kurze Pause zwischen den Gedanken. Bei Dhyana besteht der Film nur aus einem Bild mit mehr oder weniger langen Pausen dazwischen. In Samadhi hat der Film keine Bilder. Hier sind die Grenzen des Modells erreicht. Die Trennung in Projektor und Leinwand suggeriert Trennung. Gedanken sind aber Schwingungen im Bewusstsein. Auch Sinneswahrnehmungen („was ich sehe, muß doch wohl draußen in der Form vorhanden sein") sind Schwingungen im Geist, die von dem Aufbau der Sinnesorgane und der Interpretation der Wahrnehmungen durch den Verstand modifiziert werden. Grenzenloses Potential mit einer Leinwand zu vergleichen ist irreführend.

Ein weiteres oft genanntes Gleichnis ist das von der Welle und dem Meer als Hinweis auf die Einheit von Gott und Seele. Das Modell hat einen schwerwiegenden Nachteil. Die Welle besteht nur kurz. Damit wären wir bei Anatman im Buddhismus, der aber nach meiner Meinung auf einem Mißverständnis (Selbst und SELBST) beruht.

86

Für Buddhisten ist Reinkarnation selbstverständlich. Die Erklärung, wie das ohne Seele geht, erfordert schon einige Gedankenakrobatik.

Dieses SELBST wird nie geboren, noch kann es je vergehen; noch kann es, da es einmal besteht, wieder aufhören zu sein. Es kennt keine Geburt, ist ewig, unwandelbar und stets das Gleiche (unberührt vom üblichen Ablauf zeitlicher Vorgänge). Es wird nicht vernichtet, wenn der Körper getötet wird. So wie ein Mensch seine zerschlissene Kleidung ablegt und ein neues Gewand anlegt, so verlässt auch die im Körper eingeschlossene Seele ihre zerfallene körperliche Wohnung und betritt eine andere, neue. Keine Waffe kann die Seele durchbohren; kein Feuer kann sie verbrennen; es kann kein Wasser sie nässen; noch kann sie im Winde verdorren.

Bhagavad Gita

Telepathie ist nach der Yoga-Sichtweise einfach erklärbar. 2 Bedingungen begünstigen ihr Auftreten, das ja üblicherweise nicht dem Willen unterliegt. Ein gleiches Schwingungsmuster = Seelenverwandschaft = innige Verbundenheit ist eine. Man könnte es mit einem Radio vergleichen, das auf eine bestimmte Sendefrequenz eingestellt ist. Wenn der Sender schwach ist, geht er im Rauschen unter. Die zweite Voraussetzung ist also ein starkes Signal, wobei die Entfernung keine Rolle spielt. Tod oder Unfall können starke Signale sein. Angehörige haben oft zeitgleich ein klares Wissen oder nur ein ungutes Gefühl.

Von spirituellen Meistern wird berichtet, dass sie bei ihren Schülern alles sehen, mit liebevoller Intention. Ram Dass, ehemals Richard Alpert und Professor in Harvard, wurde der Schüler seines Guru Neem Karoli Baba. Nach einigen Monaten fuhr er nach Delhi, um sein Visum zu verlängern. Er aß dort in einem Restaurant ein vegetarisches Gericht. Zum Nachtisch gab es englische Kekse, kein yogisches Essen. Er schob die Kekse unauffällig in seine Tasche und aß sie draußen in einer Gasse. Als er zurück kam, fragte ihn sein Guru: „Wie haben dir die Kekse geschmeckt?" Yoganada erzählt in seinem Buch „Autobiographie eines Yogi" in Kapitel 3 „Der Heilige mit den zwei Körpern" seine Begegnung mit Swami Pranabananda.

Der sagte: „Warum bist du über all dies so verblüfft? Die verborgene Einheit aller Dinge, die zur Welt der Erscheinungen gehören, hat für den echten Yogi nichts Geheimnisvolles an sich. Ich kann z.B. jederzeit meine Jünger im entfernten Kalkutta sehen und mich mit ihnen unterhalten." Wir sind etwas über das Ziel hinausgeschossen. Bilokation sollte nicht das Thema sein.

Albert Einstein sagte einmal: „Der Geist stößt an seine Grenzen, wenn er nur aufgrund dessen denkt, was er weiß und beweisen kann. Man erreicht den Punkt, an dem der Geist springen muss – man kann das **Intuition** nennen oder anders – und damit eine höhere Ebene des Wissens erreicht...Bei allen großen Entdeckungen hat es einen solchen Sprung gegeben." Wenn der Geist die Trennung durch Raum und Zeit (Maya) als Illusion durchschaut und sich aus der Identifikation mit Körper und Verstand lösen kann, ist er nicht mehr den Gesetzen der relativen Welt unterworfen. Jenseits der Gedankenwelt gibt es Bewusstsein im Einklang mit dem Universum, in dem alles Wissen seinen Ursprung hat. Wer seinen Geist leer macht, schafft damit die Voraussetzung, dass sich dieses Bewusstsein ausgießt und Schöpferisches einhaucht (**Inspiration**). Doch Intuition und Inspiration geschehen nicht auf Befehl. Wir gleichen Wanderern, die in dunkler Nacht mit Laternen (Manas, Verstand und Sinne) den Weg suchen und nur gelegentlich durch einen Blitz kurz das ganze Panorama sehen. Ein Erwachter erfreut sich bei Tageslicht am Panorama. Er hat ständig Verbindung mit dem, was Aurobindo als Supramental bezeichnet und konventionell Gott genannt wird.

Patanjali III.34 *Pratibhat (intuitives Wissen) va sarvam (alles), Wissen über alles durch Intuition.*

Für Pratibha gibt es kein gleichwertiges Wort in westlichen Sprachen. Die übliche Übersetzung mit Intuition gibt die Bedeutung unzureichend wieder. Gemeint ist nicht ein kurzes Aufblitzen oder ein vages Ahnen oder eine ganzheitliche, nicht nach den Gesetzen des analytischen Verstandes angeordnete Sicht von Inhalten des Mentalen. Pratibha basiert auf einem höheren Bewusstsein als das Mental. Es ist eine transzendente geistige Wahrnehmungsfähigkeit, die ohne Sinnesorgane und Verstand auskommt. Sie nimmt unmittelbar alles wahr, und das Wahrgenommene ist unverfälscht durch subjektive Wertungen. Edgar Cayce (der schlafende Prophet) konnte in Trance genaue Angaben zu Ereignissen, räumlichen und zeitlichen Details und der körperlichen und seelischen Konstitution von Menschen inklusive ihrer Vorleben machen. Die Quelle seine Wissens bezeichnete er als Akasha-Chronik. Mabel Collins erlangte Wissen durch außersinnliche Wahrnehmung aus „der Halle des Lernens, von der aus auch die noch Verkörperten ihre Inspirationen empfangen, eine Schatzkammer unendlichen Wissens". Wissensvermittlung durch Medien, die in Kontakt mit körperlose Wesen treten (Seth & Co.), sind dagegen mit äußerster Vorsicht zu genießen. Sowas kann schlimmstenfalls zu Besessenheit führen. Von Pater Pio gibt es zahlreiche dokumentierte Berichte über Wunderheilungen und Bilokation. Zu der Besitzerin der Pension Bianca in San Giovanni Rotondo in der Nähe der Kirche sagte er: „Ich weiß alles, was du getan hast, was du denkst, was du tun wirst und welchen Platz du im Himmel einnehmen wirst." Sein Leben bestand zum Großteil aus Beichte. Das war aber keine gewöhnliche Beichte, sondern eine Art Lebensbeichte, ein vorgezogenes Jüngstes Gericht. Wenn jemand Einsicht und Willen zur Umkehr zeigte, bekam er die Absolution. Damit war sein „Strafregister" gelöscht. Wer keine Reue zeigte, dem erteilte er keine Absolution (was ein Priester üblicherweise nicht verweigern darf). Ein Mann machte 32 Fotos von Pater Pio. Auf keinem war etwas zu sehen. Beim Vorübergehen bat er Pater Pio, ihn fotografieren zu dürfen. „Es soll sein." Die 33. Aufnahme war gut. Einer Frau, die bei der Beichte nichts mehr zu sagen wusste, befahl Pater Pio: „Geh schnell zum Teich hinunter und schau hinein und komm wieder zurück!" Im Teich sah sie ihr Kind, welches sie vor 19 Jahren ermordet und in einen Teich geworfen hatte. Ein Mann, der zahlreiche Vergehen zu beichten hatte, wurde von Pater Pio unterbrochen: „Mein Sohn, wie viele Untaten hast du doch verübt. Aber bedenke, deine Sünden, so zahlreich und schwer sie sind, sind begrenzt; die Barmherzigkeit Gottes ist unendlich.

Randnotiz: Was unter dem kernigen Namen Quantenheilung mit gutem Marketing verkauft wird, basiert mit leichten Modifikationen auf den Prinzipien Patanjalis. Dann gibt es noch die Verkünder einer

Heilsbotschaft, dass das Universum nur darauf wartet, all deine Wünsche zu erfüllen. Beide sollten aufmerksam die Sutren über Kleshas studieren.

Im Kapitel Bhagavad Gita war zu lesen: In Samadhi löst sich die Seele aus ihrer Identifikation mit dem Körper und erkennt sich als unbegrenzter Geist. Es steht ihr frei, nur auf der Ebene des Absoluten zu bleiben oder zusätzlich in absoluter Freiheit die Natur im Bereich der Gegensätze (Prakriti, Maya) zu gestalten. Yogananda drückt das in seinem Buch in Kapitel 30 „Die Gesetzmäßigkeit des Wunders" so aus: Wer sich selbst als allgegenwärtigen Geist erkannt hat, kann nicht mehr durch die träge Masse eines in Raum und Zeit lebenden Körpers begrenzt werden.

Bewusstsein (Cit) ist ein Aspekt des Absoluten. Sein Ausdruck in der Manifestation hängt von der Ebene der Manifestation ab. Je gröber das Medium, desto begrenzter die Ausdrucksmöglichkeit. *Gott wohnt in uns. Er schläft in der Erde, Er träumt in den Blumen, Er erwacht in den Tieren. Und im Menschen weiß er, dass Er wach ist. Im Übermenschen findet er sich selbst wieder.* Die verschiedenen Stufen des Samadhi beschreiben die fortschreitende Befreiung des Bewusstseins aus den Beschränkungen. Kaivalya ist der Zustand, in dem es wieder in vollkommener Freiheit wirken kann.

Zur Erinnerung: Sutra III.1 Dharana (Konzentration). Sutra III.2 Dhyana (Meditation). Sutra III.3 Samadhi (Kontemplation). Sutra III.4 Die drei werden unter Samyana (Sammlung) zusammengefaßt. In den Versen II.9-12 werden die drei Wandlungen (Parinamas) besprochen. Dadurch wird darauf hingewiesen, dass es sich um ineinander übergehende Prozesse sind: Nirodha-Parinama = Wandlung durch Zur-Ruhe-Kommen. Samadhi-Parinama=Wandlung durch Zentrieren. Ekagrata-Parinama=Wandlung durch Einpunktigkeit, führt zum Reinen Gewahrsein. Der obige Vergleich mit Projektor und Leinwand beschreibt das bildhaft. Das Prinzip ist letzendlich, von der Manifestation zur Essenz (s.o. Tulku Urgyen) zu kommen. Nach der Sankhya Philosophie gibt es Purusha (Geist) und Prakriti (Natur). In der Natur gibt es ähnlich wie im Geist verschiedene Grade der zunehmenden Verdichtung. Verschiedene Elemente (Bhutas) sind Manifestationen einer ihnen zugrundeliegenden Ursubstanz (Dharmi). Der Vergleich mit dem Quantenfeld drängt sich auf. Analog zu den Wandlungen im Geist gibt es Zustand-Wandlungen (Avastha Parinama) in der Natur (z.B. Wasser→Eis). Neben der Möglichkeit einer stofflichen Veränderung durch äußere Einflüsse (das übliche Verfahren) gibt es die für uns kaum vorstellbare Möglichkeit, die Eigenschaften zu ihrem Ursprung zurückzuverfolgen und sie von dort zu beeinflussen. Ein Siddha geht diesen Weg nach innen zum Feld des reinen Potentials für geistige und kreatürliche Dinge und wirkt von dort. Die meisten Sutren über Siddhis beginnen mit *Samyama auf...* Die Zitate zu Beginn dieses Kapitels besagen nichts anderes. Wer den „Umzug in`s Absolute" vollzogen hat, ist in der Welt, aber nicht von der Welt.

Zum Sinn der **Evolution** äußert sich Patanjali wie gewohnt kurz und prägnant in Sutra II.23: *Der Zweck des Zusammenkommens von Purusha und Prakriti ist, dass Purusha die Erkenntnis seiner wahren Natur erlangt und die ihm und Prakriti innewohnenden Kräfte entfaltet.*

Die Auslegungen nach Meher Baba habe ich schon an anderer Stelle in kurzer Form dargelegt.

Meher Baba legt eine umfassende Darlegung von Evolution und Involution der Seele vor, die auf Hinduismus und Sufismus basiert.

Stufe 1 ist Gott im Jenseits-des-Jenseits-Zustand, transzendent, ewig, unendlich.

Stufe 2 ist Gott im Jenseits-Zustand. Er ist nicht verschieden von 1. Eigenschaften dieses Zustandes sind Unendliche Macht, Unendliches Wissen und Unendliche Glückseligkeit. Aus einem Aufwallen verspürte Gott den Wissensdrang „Wer bin Ich?"

Stufe 3 ist Gott als Ausstrahler, Bewahrer und Auflöser. Der Beginn der Schöpfung.

Stufe 4 ist Gott als verkörperte Seele. Er nimmt verschiedenen Formen an, um in diesen Formen Erfahrungen zu machen.

Stufe 5 ist Gott im Zustand der Evolution: Gase → Mineralien → Pflanzen → Tiere.

Stufe 6 ist Gott als menschliche Seele im Zustand der Reinkarnation. Das Bewusstsein ist voll entwickelt, erfährt sich aber nicht als Eins (unteilbar, ewig, unendlich).

Stufe 7 ist <u>Gott im Zustand der fortgeschrittenen Seele</u>. Der Prozess der Rückkehr (Involution) beginnt.

Stufe 8 ist <u>Gott als der Göttlich Versunkene</u> (Brahmi Boot, Majzoob). Gott erfährt sich als Gott mit Unendlicher Macht, Unendlichem Wissen und Unendlicher Glückseligkeit, nutzt diese aber nicht.

Stufe 9 ist <u>Gott als befreite inkarnierte Seele</u>. Die Seele erfährt den „Ich bin Gott"-Zustand und ist sich gleichzeitig der materiellen, feinstofflichen und mentalen Ebenen bewusst (Paramahansa, Jivanmukta).

Stufe 10 ist <u>Mensch als „Mensch-Gott"</u>. Er erfährt nicht nur Unendliche Macht, Unendliches Wissen und Unendliche Glückseligkeit, er wendet sie auch an (Sadguru, Erlöser).

Gott allein ist wirklich, und da wir alle auf Dauer im Göttlichen Geliebten verweilen, sind wir alle eins.

Das Glück der Gott-Verwirklichung ist das Ziel der gesamten Schöpfung. Um dieses Glückes Willen trat die Welt in Erscheinung.

Quelle: Meher Baba, Der Göttliche Plan der Schöpfung.